"Moradores Silenciosos"

Pablo García Hendschl

Colaboración: Magdalena Lange

Índice

Breve Proemio

Mi interés por el Cementerio de la Recoleta comenzó hace unos años mientras cursaba la carrera de Licenciatura en turismo. Durante las clases de historia, la profesora Alicia Finardi comentaba curiosidades de personalidades que se encuentran en esta necrópolis. Un día hablando con ella me comentó la magnificencia de las sepulturas y la gran cantidad de personas ilustres y dignas de respeto que ahí se encontraban, además de repetirme que lo tenía que conocer. Todo había quedado en palabras hasta que en una de las acostumbradas visitas al Museo de Bellas Artes "Prilidiano Pueyrredón" y ya de regreso, pasé por ese gran pórtico de entrada que llamó mi atención y me atrajo, creando en mí una sensación expectante por saber que se escondía detrás de ese muro de ladrillos. Ese día, por el horario no pude conocerlo, pero me prometí volver, como licenciado y turista, además de amante incansable de la ciudad de Buenos Aires tan cultural y cosmopolita.

Comenté mi experiencia a una amiga de la familia y juntos regresamos a recorrer el cementerio. Antes de ingresar realizamos la visita a la Iglesia del Pilar y sus claustros, y vimos a través de esas pequeñas ventanas, esa ciudad dentro de la ciudad.

A medida que nos internábamos, la cantidad de nombres históricos y célebres que estaban reunidos en tan poco espacio era increíble. Ahí surgió la necesidad de investigar los relatos que éstos personajes nos murmuraban al oído pero, en ese lapso, ignotos de sus vidas no pudimos ser cómplices de sus historias. Las reiteradas o más bien, excesivas visitas, nos llevaron a retornar y ser cada vez más copartícipes de estos ocupantes. Poco a poco hicimos intervenir a más personas que nos estimulaban a informarnos y a contarles relatos trágicos o apasionados, que esperaban salir de la sombra de la eternidad.

La poca bibliografía que se encuentra disponible y la expectativa que acontecía con las narraciones, fue el causante que llevó a la escritura de éste libro. La ardua tarea de investigación y de desilusión por el sistema, que solo puso piedras en el camino, no fue motivo para desalentarnos sino que fortificó nuestras fuerzas y pudimos así poner en práctica el dicho: "Poder es Querer".
Lamentablemente las normativas de la Biblioteca Nacional para acceder al material de hemeroteca son incomprensibles, pero igualmente se debe agradecer al personal que nos dedicó su atención y su buena predisposición.

La cantidad de anécdotas e historias aumentaban día a día y quedábamos embriagados de datos e información inexplorada a tal punto que, a pesar de sus silencios, éstos moradores nos contaron sus vivencias, amores, tragedias, virtudes y teniendo en cuenta que están envueltos en la oscuridad más profunda, nos dejaron ver la luz de la sabiduría porque con ellos aprendimos a contar la historia de otra manera.

La selección de las historias plasmadas en éstas páginas requirió un proceso de difícil elección, ya que todos las personas que aquí se encuentran sepultadas merecen el mayor de nuestros respetos, tanto las que contribuyeron con la creación de la nación y demás personajes que no siendo tan notorios, ocupan un solar dentro de esta ciudad.

Las páginas subsiguientes revelan historias famosas conocida por la mayoría de las personas y algunas que no lo son y están atesoradas en libros y diarios de épocas precedentes.

Si el lector nos distingue con su preferencia continuaremos investigando más personajes que formaran parte de ediciones siguientes y así evitaremos que con el paso del tiempo se pierdan en la memoria colectiva.

Breve reseña Histórica del Cementerio de La Recoleta

Cuando Comenzamos hablar de un lugar o de un segmento de tierra de la ciudad, nos tenemos que remontar a su pasado y partiendo de allí, conocer su historia. Con esta breve reseña histórica vamos a comprender el inicio y como llegó a crearse el cementerio de la Recoleta.

A mediados del año 1500, donde hoy encontramos el Cementerio y alrededores, una de las zonas más pintoresca y residencial de la ciudad, antiguamente era una zona descampada compuesta de zanjones y pantanos. En sus inmediaciones las pulperías eran los únicos establecimientos donde vagos, granujas y villanos pasaban las horas debatiendo. Se aconsejaba no transitar por este lugar cuando el sol se ocultaba y la oscuridad impenetrable era la única dueña de la tierra.

En la distribución del territorio realizada por Juan De Garay ante las personas que lo escoltaban, le asignó a Rodrigo Ortiz de Zárate, hijo legítimo de Juan Ortiz, la chacra que se encontraba en la porción de tierra, que hoy conocemos como Barrio de la Recoleta. Don Rodrigo la llamó "Los Ombúes" por el desarrollo de ésta especie de árboles, que aún hoy, después de quinientos años, todavía existen ejemplares longevos.

A Juan, el mayor de los hijos de Don Rodrigo, por derecho de mayorazgo recibe como herencia "Los Ombúes", que antes de morir la permuta al Capitán Francés de Beaumont y Navarra por un traje completo de paño(Calzón, ropilla con mangas, jubón y capa).

Con el transcurso del tiempo la chacra fue adquirida por vecinos que la compraban unos a otros, siendo el último adquisidor Juan Herrera y Hurtado. Al fenecer pasó a pertenecer a su hija Gregoria Herrera y Hurtado, unida en matrimonio con Fernando Miguel de Valdéz e Inclán. La idea de los esposos era donar el terreno para levantar un convento. Su objetivo se concretó después de un tiempo. Por esos años Juan De Narbona había Mandado a construir una iglesia conmemorando a la virgen del Pilar, patrona de su ciudad natal, Zaragoza. Una congregación de religiosos habitaba allí y los terrenos adyacentes sirvieron para el cultivo de árboles frutales y hortalizas.

En Buenos Aires de antaño los entierros se realizaban en Campos santos o en los interiores de las iglesias. En los primeros se inhumaban los cuerpos de las personas que no provenían de una familia importante o sus recursos eran escasos. Los que sí pertenecían, además de estar bautizados o tenían una colaboración activa con una cofradía eran enterrados en las iglesias.

Las enfermedades y las batallas, entre otras causas de muerte, llevaron a la creación de una legislación que determinaba que los cementerios debían construirse lejos de la urbe. Ello motivó en 1810 al virrey Baltasar Hidalgo de Cisneros prohibir los entierros en el interior de las iglesias. Inmediatamente no fue cumplida esta disposición pero con el tiempo fueron imprescindibles las necrópolis para darle sepultura a los muertos.

El 8 de Julio de 1822, el gobernador Martín Rodríguez y su ministro Bernardino Rivadavia, consignan una parte del huerto de los Frailes Recoletos, para la creación del "Cementerio del Norte", hoy "Cementerio de la Recoleta"; debe su nombre a dichos frailes. Fue el primer cementerio público católico de la ciudad y el trazado de las calles que lo cruzaban en todas direcciones, era obra del ingeniero Próspero Catelín, de origen francés.

El 17 de Noviembre de 1822 a las diez de la mañana y durante una ceremonia de 2 horas quedó inaugurado, por el Deán de la Catedral doctor Mariano Zavaleta, dos presbíteros y siete curas párrocos. La bendición estuvo acompañada de cánticos religiosos y letanías.

Según el registro de inhumaciones, el 18 de Noviembre ingresaron los dos primeros difuntos: Juan Benito, párvulo liberto y la joven Dolores Maciel de 25 años.

Poco a poco las palas de los sepultureros removían la tierra ingresando nuevos moradores, que con el tiempo pasarían a formar parte de la historia del lugar.

Durante el gobierno de Manuel Dorrego en 1828, los límites fueron extendidos y aún hoy permanecen vigentes. Asimismo se agregó el panteón de los religiosos recoletos destinando un sitio para su eterno descanso.

Los años acontecían y el aspecto del cementerio empeoraba. El paisaje desolador y deprimente además de sus entierros desordenados y desprolijos, dificultaban a los vivos transitar entre los muertos. Ya nadie se acordaba del ingeniero francés.

El doctor Tomás de Anchorena cuando lo recorrió y pudo comprobar ese panorama espectral, donde solo se veía cajones mal cerrados y cadáveres al aire, dictó un decreto en el que especificaba que las familias debían comprar las tierras a perpetuidad y construir sepulcros con sótanos profundos, evitándose así, la exposición de los cuerpos y mejorando el aspecto y orden del cementerio.

Es importante destacar que en Junio de 1863, la iglesia le retiró la bendición, cuando Bartolomé Mitre ordenó el entierro de un suicida. Hasta ese momento los llamados "Interdictos" no podían ser enterrados en los cementerios católicos.

Con la llegada a la intendencia de Don Torcuato de Alvear, la ciudad de Buenos Aires se modernizó y el progreso de cambios estaba en marcha. Sus edificios, plazas, calles, monumentos e incluso el cementerio se transformó en un sitio tranquilo y organizado. Los trabajos fueron encargados al arquitecto Buschiazzo, e incluyen el muro de ladrillos que rodea al Cementerio, el proyecto que diera origen al Peristilo, la reforma de la capilla donde se realizan los responsos y otros trabajos de menor envergadura.

Nadie en tiempos remotos podía imaginar que lo que antiguamente era una zona peligrosa y abandonada, hoy, está sobrevalorada y sus espacios verdes muy preciados. Allí el tercer cementerio del mundo, por su gran valor artístico cultural, esta emplazado hace ciento ochenta años, por ello las páginas de los libros, revistas y periódicos lo evocan.

Itinerario

Comenzamos nuestro recorrido imaginario hacia la necrópolis, que nos va asombrar con sus espectaculares monumentos funerarios, esculturas de reconocidos artistas y las historias fascinantes que nos aguardan en cada bóveda.

No va a faltar quién nos diga que estamos locos, que sino tenemos otro lugar mas divertido para visitar, pero nosotros olvidamos y dejamos de lado todos los adjetivos calificativos que nos asignen y continuamos nuestro camino a la ciudad de los muertos.

Antes de ingresar mientras caminamos por la plaza Intendente Alvear (plaza Francia), admiramos y disfrutamos del paisaje tan bohemio que nos ofrece el barrio, y recordamos cuando antiguamente era un lugar de pantanos, donde vagos recorrían la zona buscando a sus víctimas. ¿Como cambiaron los tiempos no? Hoy es uno de los barrios más residenciales y de gran prestigio de la ciudad de Buenos Aires. Al pasear por la plaza, tan significativa de este barrio, la cantidad de puestos callejeros, los artistas ambulantes y el bullicio hacen que el lugar se convierta en una atracción turística, atrayendo gran cantidad de personas foráneas como citadinas. Observamos los "adivinos" que esperan leer el futuro de algún curioso, las personas sentadas en los bancos de la plaza entregas al ocio y los bares con sus mesas en la vereda que se asemejan a las famosas cafeterías de St-Germain-Des-Prés, en la ciudad de París. Muchas semejanzas con nuestra Recoleta ya que en esa ciudad, a trece mil kilómetros de distancia, podemos recorrer el segundo cementerio del mundo "Père Lachaise". La categorización es desde el punto de vista arquitectónico escultórico e histórico. Cuando suelo visitar esa metrópolis siempre encuentro una excusa para visitarlo, encontrando algún detalle nuevo o curioso que me hace regresar una y otra vez. El primero es el Cementerio de Staglieno en la ciudad de Génova, siendo el tercero nuestro Cementerio de la Recoleta.

Ya vamos divisando el muro que lo rodea y los ángeles majestuosos que lo traspasan. Todo esto nos habla de nuestra idiosincrasia, de un Buenos Aires europeizado como esta pequeña ciudad. Construcciones de mármoles de carrara, vitrales realizados por artistas franceses, herrería italiana; hasta un enterrador inglés. Una mezcla de nacionalidades como nuestros ancestros, así somos; por eso esta necrópolis nos representa.

Después de eludir distintos tipos de óbices llegamos a la puerta de entrada y no podemos dejar de pensar que detrás de esos muros están sepultadas la mayoría de las personalidades que hicieron al país, y que nos espera un fascinante recorrido entre los sepulcros que datan de más de un siglo de historia.

Ahora iniciamos el paseo por esta urbe atronadoramente silenciosa. Espero que cuando se paren frente a una bóveda, sientan lo mismo que yo, transpórtense a tiempos remotos. Imaginen estar en los grandes salones de la casa de Mariquita Sánchez de Mendeville acompañada por su maestro de piano Vicente López y Planes y de su amiga Remedios de Escalada o en el austero laboratorio de Federico Leloir; ¿que paradoja no?, un premio Nóbel realizando sus investigaciones sentado en una silla de paja. Imaginamos también como habrá sido el suntuoso escritorio de la Señora Victoria Ocampo o el aséptico consultorio del Doctor Luis Agote. Así, en cada una de estas tumbas con solo leer sus nombres escritos en bronce nos evocaran un momento del pasado o nos contarán sus historias susurradas en nuestros oídos, estas, a veces tristes, otras apasionadas y otras conocidas por algún libro escolar.

Por un momento dejaré de ser Licenciado en Turismo para convertirme en un guía turístico y poder mostrarles este fascinante "museo al aire libre", como lo describiera Jorge Luis Borges en uno de sus paseos por este lugar.

Si consigo que ustedes sientan la misma admiración que yo por ésta "ciudad de almas" yo habré alcanzado mi objetivo.

Para comenzar hablar desde el punto de vista arquitectónico nos remontamos a sus orígenes donde las construcciones mantenían un estilo colonial. Pero a medida que pasa el tiempo cambian los años, los estilos, las modas y la vida en sí. Con la llegada del siglo diecinueve se instaló el neoclásico representado por elementos clásicos y simples. Llegaba el siglo veinte y con él se impuso el ecléctico, una mezcla de estilos, columnas de diferentes formas, ángeles de diversos tamaños y disímiles representaciones artísticas de aladas y vírgenes. Sus propietarios diseñaban sus sepulcros sin continuar una traza o configuración, por ello abundan construcciones góticas, egipcias, románicas, griegas, heterogéneas entre sí.

Al deambular por las callejuelas vemos que hay sepulturas muy antiguas que distan de otras por estar cerradas en forma definitiva con una reja de hierro o barretas, indicando saturada su capacidad o la falta de descendientes en la actualidad; no olvidar que se compran a perpetuidad.

Ahora traspasamos el pórtico con doble hilera de cuatro columnas de orden dórico griego sin base. En la parte superior podemos leer una leyenda "REQUIESCANT IN PACE" – Descansemos en paz – y en el reverso del mismo se puede leer "Expectamus Dominum. Debajo de la leyenda, trece símbolos en el friso, cada uno con una determinada representación, que explicaré más adelante. Ubicadas en cada extremo dos lámparas votivas de bronce.

Antes de continuar quiero informarles que el cementerio permanece abierto hasta las 18 horas, un cuarto de hora antes de su cierre escucharemos las campanadas indicando nuestro regreso hacia la salida. A partir del cierre de puertas, la noche se hará paso cubriendo el lugar de sombras y las almas reunidas rondaran libremente por las calles, demostrando quienes son los dueños y quienes somos los visitantes.

Ya nos encontramos en el Peristilo, el acceso al cementerio. Aquí antiguamente encontrábamos en el piso 2 fechas importantes realizadas en bronce, actualmente son tres. La primera 1822, año en que fue inaugurado y la segunda 1881, fecha en que fue remodelado. Hoy vemos una tercera 2003, corresponde a la reciente remodelación efectuada. Divisamos e ingresamos a una capilla rectangular con paredes lisas, ubicada a la derecha del peristilo donde se realizan los responsos. Una placa recordatoria lindera a la puerta de madera muestra la siguiente inscripción: "Siendo presidente de la municipalidad de la Capital Dn. Torcuato de Alvear recibió del Dr. Dn. José Ma. Bosch la autorización y los fondos para construir esta capilla" -1822-.

En sus inicios podíamos encontrar en el centro una mesa giratoria donde se colocaban los ataúdes pero fue reemplazada por el porta-ataúd. El cristo central esta ubicado dentro de una hornacina y realizado en mármol de carrara por el famoso escultor Giulio Monteverde. La cruz que sirve de apoyo es del mismo material. Debajo, en un altar simple de granito interpretamos una inscripción en latín: "Ego svm resvrrectio et vita" (Yo soy la resurrección y la vida), y a la izquierda del altar, un púlpito de características sencillas realizado en madera.

Giulio Monteverde fue maestro de la famosa escultura argentina Dolores Mora, cuando recibió una beca para perfeccionar su técnica en la ciudad de Roma.

Luego de todo lo descrito anteriormente nos hacemos paso hacia la paz y el sosiego que nos transmite la
"ciudad de los muertos".

Personajes Históricos

1- Ajusticiado por su ideología.

2- De aquí y de allá.

3- Dominguito.

4- El atentado.

5- El quijote argentino.

6- El tigre de los llanos.

7- Evita.

8- Honestidad.

9- Panteón de los Ciudadanos Meritorios.

10- Primer Intendente de Buenos Aires.

1.

Marco Avellaneda "Ajusticiado por su ideología"

La cabeza de Marco Avellaneda yace en el sepulcro de la familia mandado a construir por su hijo Nicolás, con el fin de otorgarle a su padre un merecido descanso.

Fue capturado y muerto cuando tenía veintisiete años. Su cabeza cercenada y puesta en una pica en la plaza de San Miguel de Tucumán, por orden del general Juan Manuel de Rosas. Éste acto atroz alborotó a los oriundos de la ciudad que veían reflejado en él lo que sucedía a quién estaba en contra del régimen o de las ideas del general.

Habían pasado varios días y el espectáculo era espeluznante y repulsivo. Su cabeza continuaba sola, descomponiéndose bajo el sol inclemente.

Como nadie se apiadaba y ante la desidia de los lugareños, Doña Fortunata García de García retiró la cabeza de la pica y la entregó a la iglesia para darle sepultura.

Tiempo después fue trasladada a Buenos Aires e inhumada en el cementerio del Norte.

Su sepulcro está revestido en Mármol y lo corona una escultura en piedra del difunto, tamaño natural.

Categoría: Monumento Histórico Nacional.

Marco M. De Avellaneda

Gobernador de Tucumán
Promotor de la liga de
las provincias del Norte
contra Rosas fue
degollado en Metán el
3 de Octubre de 1841 por
los seides del tirano a
los 27 años de edad.

2.

Guillermo Brown "De aquí y de allá"

De origen irlandés luchó y combatió por una nación que no era la suya, pero poco a poco ésta patria lo cobijó como a la mayoría de extranjeros que viven bajo éste cielo azul y blanco.

El Almirante Guillermo Brown había nacido en Oxford el 22 de Junio de 1777. Desde pequeño fue atraído por esa gran cantidad de agua y descubrir así, que se escondía detrás de ese horizonte. En sus primeros años en Irlanda desempeño diferentes roles en la marina de guerra y con el tiempo emprendió el viaje hacia éstas latitudes. El mar era un misterio y embarcarse una aventura.

Llegó a Buenos Aires en 1809 y cinco años más tarde fue nombrado jefe de la escuadrilla que lucharía contra los españoles en las costas de Montevideo. Buenos Aires poseía una flota deficiente y necesitaba un conocedor de las aguas para que la comandara. Mediante un préstamo se pudo incorporar nuevas naves y el almirante Brown, por su espíritu tenaz y enérgico, fue designado jefe de la misión encomendada. Sin poseer una escuadra superior a los adversarios, Guillermo Brown los derrotó sin vacilar de sus dotes estratégicos.

Su prestigio iba creciendo con las batallas que libraba. Numerosas victorias y fracasos acumuló en su vida pero su conocimiento del mar no estaba relacionado con la escuadra de barcos, su flota podía ser inferior a la de su rival pero sus virtudes lo llevaban a obtener el triunfo.

Sus últimos años los pasó en su quinta de Barracas que encerraba los recuerdos más preciados por el marino; el de su esposa y su hija. Triste y solo continuaba llorando la pérdida de su amada Elisa Chitty y su malograda hija Elisa Brown. Hasta su último instante de vida gran cantidad de homenajes honraron su persona con varias distinciones.

El 3 de Marzo de 1857 partió de esta tierra un brillante y heroico marino y su nombre fue inmortalizado y enaltecido en todos los libros de Historia Argentina.

El mausoleo esta pintado de color verde inglés y desde un pequeño armazón en forma de templo sobresale una columna circular. En su punto máximo un capitel corintio y finaliza con una representación de velas desplegadas y cascos de naves antiguas.

Se observan dos urnas, una realizada con el bronce de los cañones de los barcos que él mismo comandó, donde descansa el Almirante y la otra más pequeña y también de bronce, perteneciente a su hija. La urna original que contenía los restos de Guillermo Brown con sus correspondientes grabados permanece en el Museo Naval.

Los restos de su esposa son recordados mediante una placa ubicada en el antiguo cementerio de los "disidentes". Cuando fue estipulado su cierre, muchos cuerpos de difuntos no fueron exhumados y por eso yacen bajo lo que actualmente es la plaza "Primero de Mayo".

Categoría: Monumento Histórico Nacional.

3.

Domingo Fidel Sarmiento "Dominguito"

Alguna vez estas palabras estuvieron en boca de Domingo Faustino Sarmiento: "Mi mejor discípulo, alumno pero ante todo mi hijo".

Aunque Dominguito no era hijo de sangre de Domingo Faustino, éste lo protegió, cuidó y le brindó afecto. Tanto fue el sentimiento mutuo que tenían que Domingo Faustino Sarmiento continuó llorando su pérdida hasta los últimos días de su vida.

Domingo Fidel Castro era su nombre y había nacido en Santiago de Chile el 17 de Abril de 1845.

A su regreso del viejo continente, Sarmiento conoció a Benita Martínez Pastoriza viuda de Castro y el 19 de Mayo de 1848 aconteció la boda formándose una nueva familia. A partir de ese momento, el niño por decisión de Sarmiento adoptaría su apellido.

Desde muy temprana edad, su padre, Domingo Faustino Sarmiento, se había propuesto dejarle al pequeño la mejor y más enriquecida herencia que poseía, sus conocimientos.

A la edad de tres años le preparó un cuadernito con hojas blancas donde plasmaría sus primeras letras. Para asombro de todos, el pequeño demostró una gran inteligencia escribiendo su apellido.

La enseñanza de Sarmiento fue basada en juegos y así el pequeño conoció las letras, comenzó a leer, a montar a caballo y a escribir prolija y correctamente.

Como todo niño realizaba travesuras que divertían a los adultos. Una de ellas fue en una visita del Coronel Paunero cuando el galopín en una pasada rápida le tiró del cabello quedándose con la peluca en la mano, cosa que lo asustó mucho. Otra anécdota era su pánico a los cohetes. Por ello, Don Domingo hizo traer de China una caja de cohetes que fueron tirados uno a uno cerca del niño hasta llegar a la pérdida total del miedo. Ello hizo que la pirotecnia restante fuera encendida por Dominguito sin temor alguno.

Con el comienzo de la escolaridad, Sarmiento pedía al maestro partes semanales de su comportamiento, nivel de aprendizaje y todo lo relacionado a la educación del joven.

En esa época era difícil que los más pequeños de la casa tuvieran participación en las reuniones de los adultos pero su padre autorizaba su presencia en las tertulias que se realizaban en su hogar, donde grandes personalidades trataban temas relacionados con la política, educación y otros asuntos que acontecían en ese momento. A pesar de la diferencia de edad, Dominguito tenía una gran amistad con Santiago Estrada y Lucio V. Mansilla.

A los once años poseía una gran formación de idioma francés, inglés y materias como geografía, matemática y aritmética.

Cuando Buenos Aires fue azotada por el brote de fiebre amarilla, la familia decidió alejarse de la ciudad a la zona de Barracas. La corta estadía que duró veintiún días alcanzó para el perfeccionamiento de Dominguito en el idioma francés, tanto fue así, que al ingresar en la Universidad fue consultado por profesores y compañeros.

En 1866 cuando se declaró la guerra contra el Paraguay, Domingo Faustino Sarmiento se encontraba en Los Estados Unidos desempeñándose en el cargo de Ministro de Relaciones Exteriores de La República Argentina. "Bartolito" Mitre estaba bajo su tutela mientras concluía sus estudios en diplomacia. En la Argentina había quedado Dominguito bajo responsabilidad del entonces presidente de la República, Bartolomé Mitre.

Al estallar la guerra y a pesar de no contar con la autorización de Bartolomé Mitre, Dominguito junto a su amigo Marcos Paz se alistaron en la fuerza.

Sus días en el ejercito pasaban lentamente y por ello dejó asentado todo acontecimiento en el cuadernito de hojas blancas que desde niño lo había acompañado, asimismo nunca olvidó el envío de cartas a su madre que tan ansiosa las esperaba. Si nos remitimos a su última carta fechada el 21 de Septiembre de 1866, podemos ver las negras visiones de su terrible fin en Curupaytí, dándole ánimo a su madre por su posible muerte, y evitar así la tristeza y culpa de una madre que dejó ir a su hijo a luchar por la patria.

Al día siguiente vio con asombro como su gran amigo Marcos Paz caía ante el enemigo provocando en él una profunda angustia y sed de venganza. Su ira se transformó en valentía y arremetió contra el adversario. Desgraciadamente no pudo concretar su fin, ya que fue alcanzado por la metralla, provocándole una herida en el talón de aquiles. Su muerte fue causada por desangramiento.

Así concluyo la historia de dos amigos que vivieron con gran pasión y murieron con gran valentía.

La penosa noticia fue comunicada con mucha cautela a Domingo Faustino por el joven Bartolomé, pues se sabía el impacto emocional que causaría. El vinculo padre-hijo que durante veintiún años se había afianzado, seguiría a pesar de la muerte. Lo podemos testimoniar en los libros que Sarmiento escribió en su memoria, tratando que el pueblo no olvide a su querido hijo.

Sus restos llegaron a Buenos Aires y trasladados al cementerio del Norte para ser inhumados en la bóveda de la familia Varela. Junto a ellos venía una caja conteniendo elementos pertenecientes al niño entre los que estaba el cuadernito de hojas blancas que su padre había armado diecinueve años atrás.

Cuando Sarmiento llegó de los Estados Unidos, y siendo presidente de la Republica Argentina, se dirigió en horas del atardecer al cementerio a despedir a su hijo. Llorando sin consuelo alguno permaneció allí un largo rato hasta que partió sin antes secarse las lágrimas que recorrían su rostro.

Al día siguiente encargó la construcción de una bóveda, en honor al que hubiera sido su sucesor.

La bóveda es subterránea y el monumento se lo dedicó su padre. Sobre una base podemos observar una columna de mármol truncada, con una corona de laureles en su punto más elevado, simbolizando la corta vida arrebatada por la muerte. En cada lado de la base se puede leer con mucha dificultad por el paso del tiempo, algunas inscripciones.
Su epitafio reza:

**"Muerto a los 21 años de edad
en el asalto de Curupayti
el 22 de Septiembre
de 1866"**

4.

Ramón Lorenzo Falcón y Juan Alberto Lartigau
"El atentado"

El 14 de Noviembre de 1909 moría victima de un atentado el jefe de la policía Federal, el coronel Ramón Lorenzo Falcón y su secretario privado Juan Alberto Lartigau(hijo).

El coronel Falcón era una persona correcta y desde sus comienzos en la carrera militar había seguido una línea de conducta intachable con gran integridad y valentía.

Fue el primer cadete inscripto en el colegio militar con desempeño muy meritorio. Fue el primer oficial que egresó del colegio. Como capitán se hizo cargo del mando militar de la compañía de cadetes del escudo naval. Actuó en combates organizando regimientos y luego incursiono en política actuando como diputado. Después de una brillante y transparente trayectoria militar alcanzó el grado de coronel y con el tiempo se lo designó jefe de Policía de la Capital Federal.

Era un día caluroso en la ciudad, esos días de Noviembre donde la humedad y la pesadez del clima lo hacen insostenible y el cansancio agobia. Aproximadamente a las doce del mediodía el coronel y su secretario junto a su comitiva salían del cementerio del Norte, luego de haber presenciado la inhumación de los restos del comisario Antonio Balbé. Ambos subieron al coche particular del Coronel para regresar a su domicilio y recorriendo la calle Quintana, al llegar a la calle Callo fue interceptado por un joven que le arrojó un artefacto explosivo produciendo la destrucción del coche. Habían pasado solo quince minutos de la salida de la necrópolis. La explosión fue tan fuerte que todos los vecinos del barrio se hicieron presentes en el lugar para observar lo sucedido.

La escena era desgarradora, algunas personas corrían pidiendo ayuda, otras trataban de acallar los dolores que aquejaban a los heridos mientras que otras corrieron tras los pasos del "anarquista criminal", que según testigos habían visto correr por la calle Callao en dirección norte y al llegar a la calle Alvear y después de haber girado hacia la izquierda y verse acorralado, tomó la decisión de pegarse un tiro en el pecho pero la bala resbaló en una de sus costillas sin producirle una herida comprometedora. Al caer al piso ensangrentado fue apresado, llevado al hospital Fernández y luego detenido en la comisaría 15A.

El coronel Falcón yacía en la vereda con heridas en las piernas, fractura del dedo medio de la mano derecha, una contusión en el muslo derecho y en el tercio superior de la pierna izquierda y una hemorragia en la cabeza. En ningún momento perdió la conciencia.

El joven Lartigau fue trasladado a un sanatorio. Ahí se comprobó las heridas sufridas y le fue amputado el dedo de la mano y la pierna derecha en su totalidad. Asimismo fue curado de las quemaduras que cubrían su cuerpo.

Las sirenas no paraban de sonar, el coche se encontraba destrozado, caballos heridos y algunos muertos, el horror de la tragedia estaba a la vista. A dos horas del atentado y siendo las 14.20hs se producía el deceso del Coronel Falcón y a las 20.40hs fallecía el joven Lartigau en el sanatorio. Solo contaba con veintitrés años de edad. Estas tristes noticias paralizaban a la sociedad que con el tiempo había aceptado las controvertidas ideas del coronel.

Como sucede en toda civilización las diferentes versiones del hecho empezaron a circular y cada persona contaba la propia variando unas de otras. Algunas decían que el "anarquista", estaba en un auto en el momento de arrojar el explosivo, otras lo comentaban en bicicleta y otras afirmaban que lo habían visto a pie.

El asesino, de tez pálida, cabellera larga, mirada enfermiza mostraba en su aspecto físico una persona adulta, sin embargo tenía diecisiete años de edad. Estuvo apresado en un calabozo e incomunicado con custodia permanente. El joven se llamaba Simón Radowitzky.

Los restos fueron velados en el departamento central de la Policía Federal y masiva fue la concurrencia que quiso rendirles el último homenaje. Cuantiosas honras oficiales recibieron estos dos hombres que dieron su vida por la nación.

El 16 de Octubre a las 10hs partía el cortejo fúnebre hacia el cementerio del Norte para ser inhumados los cuerpos. En la puerta lo aguardaban dos escuadrones de caballería, dos baterías de artillería, dos batallones de infantería y empleados de la policía federal además de curiosos que se hicieron presentes.

El féretro del Coronel fue depositado en la bóveda familiar mientras que el del joven Lartigau en el sepulcro del Señor Sagasti.

Actualmente las bóvedas están enfrentadas en la esquina que da a las calles Vicente López y Ascuénaga. En el mausoleo de piedra del coronel Ramón Falcón se destaca una figura del mismo yaciente, dos dolorosas que lo acompañan y en la parte superior un joven apolíneo realizado en bronce. Diferentes corones del mismo material rodean el mausoleo.

En la bóveda del joven Juan Lartigau podemos observar que una figura de rasgos femeninos sostiene en sus manos al joven desfallecido. Otra escultura detrás con los brazos extendidos muestra en su rostro la indignación de lo ocurrido. La obra es del escultor Emile E. Peynot (1850-1932). La bóveda esta bordeada por una pequeña reja, que como elemento curioso, posee unos círculos que contienen en su interior la letra "L".

En ambos sepulcros se puede observar una placa en idioma hebreo y castellano, donada por la comunidad israelita solidarizándose por las pérdidas y repudiando el acto cometido por el Joven Simón.

Este joven fue sentenciado a muerte pero debido a la llegada de un primo con su partida de nacimiento que demostraba su minoridad, salvó su vida. Durante la presidencia de Hipólito Irigoyen fue indultado, partiendo hacia Uruguay. Continuó así con su vida anarquista y en 1954 murió en la ciudad de Méjico.

Categoría: Monumento Histórico Nacional. Bóveda Ramón Falcón.

5.

Alfredo Palacios "El quijote Argentino"

Nació el 10 de Agosto de 1878; joven abogado, militante del partido socialista al que luego se afilió. En tres oportunidades le pidieron su afiliación pero él mismo decía: -"Para ser socialista no es preciso afiliarse". Luego accedió al pedido de éstos.

Carismático, orador por excelencia, católico en principio y luego cristiano y masón. Según él, -"Jesús era el precursor del socialismo".

En 1904 como parlamentario se enfrentó, como único representante Socialista de su partido, a ciento diecinueve legisladores oficialistas reivindicando los derechos de los más humildes y de las mujeres. Se lo expulsó del Socialismo por su propensión a solucionar sus disputas por medio del duelo, quince años fueron de luchas partidarias y una incansable labor en pos de los necesitados además de gran cantidad de proyectos de ley que quedaron esperando que alguien se apiade de ellos y los promulgue.

Cuando presentó la renuncia a su banca de diputado en las afueras del Congreso Nacional lo esperaba el fervor de los ciudadanos, la mayoría de baja condición social, que le brindaron su apoyo. La renuncia fue rechazada, pero Alfredo Palacios no regresó hasta que el pueblo no volvió a elegirlo.

En 1930 era decano de la Facultad de Derecho de la Plata y cuatro años después el primer legislador que se ocupó de las Islas Malvinas y la usurpación inglesa. Con el transcurso del tiempo ese y otros proyectos se fueron aprobando como; la ley de la silla, ocho horas de jornada diaria, licencia pre y pos parto, la exclusión de las mujeres y los niños menores de dieciocho años al turno noche, y muchas otras. En 1943 debe renunciar al decanato de la universidad por razones políticas adversas y a raíz de ese inconveniente veinte profesores norteamericanos, entre los que figuraba Albert Einstein, le enviaron un mensaje de apoyo.

Jamás fue propietario y arrendaba en forma simbólica por un peso mensual, su enorme casa de la calle Charcas. Muchas horas las pasaba atendiendo gratuitamente a todo aquel que necesitaba asistencia jurídica. Los recibía sentado en un gran sillón que estaba ubicado en su biblioteca que constaba de treinta mil volúmenes. Hasta el día de su muerte estuvo orgulloso de ese material que tanto apreciaba.

En 1962 fue operado de cáncer sin ser un obstáculo para jurar como diputado al año siguiente. Los síntomas de su enfermedad iban destruyendo poco a poco sus energías y su gallardía había cedido, aunque no su lucha a pesar de saber que se estaba muriendo.

Durante la tremenda agonía a la que estaba sometido, se retorcía de dolor en su lecho en un ir y venir de conciencia y delirios. El 20 de Abril de 1965 dejaba de existir el quijote argentino. Nacionalista, incansable y solitario nunca se amedrentó ante los opositores. Siempre fue coherente tanto en su forma de vida como en sus objetivos políticos y públicos.

Su familia adoptiva estaba compuesta por el señor Eduardo; su protegido, Marta Vera; su camarada y amiga y Amelia Gándara; su ama de llaves. Todos cuidaron de él con dedicación y esmero. La señora Marta acompañó a Palacios hasta sus últimas horas y una vez fallecido lo vistió mientras su silencioso llanto cubría sus mejillas. Colocó su camisa blanca impoluta, su moño, su traje negro y sus zapatos.

Fue velado en el salón azul del Palacio Legislativo y sepultado en el cementerio de la Recoleta contrariamente a su deseo de ser enterrado en el cementerio de la Chacarita.

Con Alfredo Palacios se fue de la escena pública un personaje anómalo tanto por su forma de pensar y expresar sus ideas como su presencia altiva y seductora, enmarcada por su vestimenta tan particular y casi legendaria. Traje oscuro, camisa blanca y su moño negro que contrastaba con su bigote además los largos cabellos peinados hacia un costado, su sombrero y un poncho rubricando a tal distinguida personalidad.

Siempre se lo recordará como el quijote que peleó contra los molinos del capitalismo por el bien del proletariado.

La bóveda pertenece a la familia de Juan Arroqui.

6.

Juan Facundo Quiroga "El tigre de los Llanos"

En 1788 nació en San Antonio, provincia de la Rioja, el General Facundo Quiroga. Ferviente luchador de sus ideas hasta su muerte, logró gobernar su provincia y fueron muchas las batallas ganadas y perdidas por este caudillo riojano. Siempre combatió buscando la organización Federal de la República Argentina. Domingo Faustino Sarmiento, ferviente opositor a sus ideas, escribió "Facundo Civilización o Barbarie".

El 16 de Febrero de 1835 el General y su comitiva regresaban de una misión conciliadora desde el Norte, encomendada por el General Juan Manuel de Rosas. Según varios autores "innecesaria misión" y al igual que Jesús, que fue engañado por Judas, la historia se repitió.

El paisaje reflejaba como nunca su sequía. Sus pastos altos, secos y amarillentos esperaban ansiosos el aguacero que se avecinaba mientras que los cardos mostraban sus agudas espinas amenazantes como pequeñas lanzas preparadas para la batalla. Todo era desolador.

El general Quiroga debido a sus problemas reumáticos, había decidido realizar la travesía en Galera y mientras el galopar de los caballos levantaba polvareda, algo súbitamente los detuvo. Los cuatro hermanos Reinafé, adversarios de Facundo, habían preparado hábilmente una emboscada encomendada al capitán Santos Pérez. Cuando el General Quiroga y su comitiva fueron sorprendidos, y sin tener conocimiento de la situación, asomó su cabeza por la ventanilla del carromato y un disparo de pistola entró en su ojo izquierdo matándolo instantáneamente siendo luego degollado. La misma "suerte" corrieron todas las personas que lo acompañaban. La sangre derramada de Quiroga y su séquito fue absorbida por esa tierra árida que cambió su color por el punzó, marcando un sitió en la historia.

Las noticias llegaban a Buenos Aires y el horror e indignación de semejante atrocidad produjo consternación. Era increíble que algunas provincias gobernadas por enemigos del General Quiroga, organizaran festejos por el asesinato.

El cuerpo de Facundo fue lavado, recubierto con cal y trasladado al cementerio de los Canónigos, lindero a la Catedral de Córdoba. Un año después, a pedido de sus familiares, fue trasladado al cementerio del Norte luego de un responso en la iglesia de San José de Flores al que asistieron sus deudos y Juan Manuel de Rosas.

Este último ordenó castigar y ejecutar a los asesinos que luego fueron colgados durante seis horas en la plaza de la Victoria. El entierro de los cuerpos fue en la antigua fosa común que existía en dicho cementerio.

El sepulcro de Quiroga esta bordeado por la reja de hierro, con terminación en punta de lanza, original de la época. Se comentó que entre sus papeles se encontró un Manuscrito donde expresaba su voluntad; ser enterrado sin ataúd y de pié. Así yace su cuerpo. El de su esposa fue enterrado en el ángulo sud oeste de la misma parcela.

La imagen de la dolorosa realizada en mármol de carrara es obra del escultor milanés Antonio Tantardini. Fue la primera obra artística del cementerio encargada por Antonio Demarchi, yerno de Facundo, honrando su lealtad, nobleza y valentía.

El día de su entierro, Juan Manuel de Rosas puso una placa en su honor pero cuando murió fue retirada del solar por amigos de Facundo para evitar su destrucción y nunca más volvió a su sitio original, siendo una tumba sin nombre durante años.

Hace tres meses fue presentado un proyecto de ley para declarar este sepulcro Monumento Histórico Nacional.

7.

Maria Eva Duarte de Perón "Evita"

Un cadáver que tardó más de 20 años para poder descansar en paz.

La historia de su vida y muerte fue contada por muchos autores que plasmaron en sus libros distintos aspectos de su vida, desde diferentes puntos de vista.

Después de una profunda investigación y reflexión decidí contarla con respeto y admiración, y es por ese mismo respeto, que no podía pasarla por alto.

Si uno recorre la necrópolis cualquier día de la semana sin importar el horario, se topará con distintos contingentes de turistas de las más diversas nacionalidades. Aunque no se conocen todos tienen el mismo objetivo; conocer la ubicación de la tumba de "Evita". Sin hablar el idioma y muchas veces con signos o sonidos guturales, quieren saber su ubicación y poder así tomar esa foto tan preciada por muchos de ellos.

Eso nos demuestra una vez más la trascendencia de esta persona, tanto en vida con su controvertida personalidad como después de muerta, debido al peregrinaje al que fue expuesto su cadáver.

En la bóveda de la Familia Duarte, donde hoy se encuentra, nunca faltan flores frescas testimonio de un pueblo que demuestra su cariño a través de distintas generaciones.

En la investigación que realicé traté de separar la realidad del mito, lo cual no estoy seguro de haber conseguido. Así como no se puede escribir sobre su muerte sin esbozar grandes rasgos de su vida, mucho menos se puede dejar de hacerlo sobre la odisea a la que fue sometido su cadáver. Los mitos o leyendas que se tejieron sobre él formaron una telaraña de mentiras e intrigas que solo con el correr del tiempo se fueron desentrañando y en muchos aspectos, hoy, podemos conocer la verdad.

Al leer la bibliografía consultada, me di cuenta que no se puede ser imparcial, pero trataré.

El 7 de mayo en Argentina; No importa cual fue su lugar de nacimiento, ¿Los Toldos o Junín?; ¿Duarte como su padre o Ibarguren como su madre?; ¿Hija legítima o ilegítima?, ella siempre será "Evita".

Con una vida azarosa se elevó sobre sus miserias y del brazo del General Perón, adorada y repudiada fue la mujer argentina del Siglo XX. De voluntad férrea, su tenacidad, perseverancia y valentía la llevó a luchar obstinadamente contra los que ella consideraba sus enemigos y luego contra el cáncer que le roía las entrañas. Jamás se quebró ante los dolores que la doblegaban, estos eran acallados por su pasión hacia el trabajo, tanto fue así, que en su última aparición en público pesaba solo 33 kilos, agotada y enjuta, pero de pie.

Comencemos con un breve resumen de su vida.

De niña sufrió el escarnio de ser la hija "ilegítima" del señor Duarte, la miseria y la burla, desataron su rebeldía y así fue que dejo su pequeño pueblo para buscar su destino en la ciudad. A los 14 años y en plena adolescencia arribó a la Capital Federal.

En sus comienzos se inclinó por las actividades artísticas y allí aprendió que en el mundo había otras miserias muy diferentes a las de su pueblo natal. Nunca se destacó como una gran actriz pero por gracias a ello fue que conoció al General Juan Domingo Perón, la persona que cambiaría su vida radicalmente. Junto a él comenzaron sus actuaciones en la vida política, su ímpetu fue volcado hacia las personas que más necesitaban y poder así achicar la brecha que había entre las distintas clases sociales. Poco a poco creció su notoriedad y su popularidad.

Cuando el General Juan Domingo Perón asumió la presidencia, se transformó en la Señora María Eva Duarte de Perón.

Creó la fundación "Eva Perón", donde pasaba largas jornadas atendiendo personalmente a los menesterosos. Este hecho produjo que gran parte de la población, la viera como "La dama de la esperanza" mientras que otra parte la calificara como "demagoga", entre otros epítetos.

Como primera dama de la República realizó varios viajes al exterior encontrándose con importantes personalidades, uno de ellos fue el Papa Pío XII, que la recibió y le obsequió un rosario de plata y nácar. Es irónico que después de fallecida volviera a algunos de los países que había recorrido en vida.

Los viajes habían quedado atrás y ya de regreso a la República Argentina, en uno de sus discursos en el cabildo abierto, un vahído hace notorio los síntomas de la terrible enfermedad que padecía. La aparente anemia que sufría, enmascaraba en realidad un cáncer de útero.

Pese a esta sentencia que pesaba sobre ella, no dejó de asistir a la fundación ni a sus actividades programadas, alternando su función social con el poco reposo recomendado por los médicos que la atendían y a los que no obedecía.

Durante los meses venideros se fue acentuando su deterioro físico, su transparente piel solo servía para contener sus huesos además de resaltarle la opacidad de sus ojos oscuros, una mirada errante mostraba la proximidad de su deceso.

En 1950 después del fatal diagnóstico, la Señora Eva se niega a ser operada sin saber ella la verdad del mismo, lo que le aceleraba su camino hacia la muerte.

La fortaleza anímica, contradecía las noticias desesperanzadas sobre su estado, pues la Señora aparecía públicamente, negándose así misma, la gravedad de su salud.

El 4 de Junio de 1952 fue la última vez que el pueblo la vio con vida. Regresaba de la asunción del mando, por segunda vez, del General Juan Domingo Perón en un auto descubierto, de pie y sostenida por un corsé de yeso que laceraba su pequeño cuerpo ya exangüe.

Fue pasando el tiempo…. El 18 de Julio de 1952, entró en estado de coma y llevó a todo su entorno a pensar que debían enfrentar el momento más temido. Esto hizo que el General Perón mandara un emisario para entrevistarse con el Doctor Pedro Ara, reconocido mundialmente por sus trabajos de embalsamamiento. En horas de la madrugada, Eva recobró la lucidez y continuó con el mismo ímpetu que la caracterizaba. Los cambios repentinos de su estado de conciencia se sucedieron durante su última semana.

Su anterior belleza había sido reemplazada por una lamentable apariencia: Su cara estaba angulosa reflejando la debilidad de su estado y parte de su cuerpo estaba quemado por las radiaciones que trataban de frenar el inexorable avance del mal.

EL 26 de Julio de 1952 a las 20.25hs la Señora Eva Perón, jefa espiritual de la nación había pasado a la inmortalidad. Lo que fue una esperanza sin cuerpo se transformó en un cuerpo sin esperanza. A partir de ese momento el Doctor Pedro Ara, sería el responsable de la conservación y custodia del cadáver.

El duelo paralizó el país; Mientras la Nación se enteraba de la triste noticia, empezó para el doctor lo que sería un arduo y largo trabajo. A las 10 horas el cuerpo debía estar en la capilla ardiente instalada en el Ministerio de Trabajo y Previsión. El doctor y su ayudante comenzaron el embalsamamiento antes que la rigidez cadavérica ganara la batalla. A la mañana siguiente, según Pedro Ara, "el cadáver de Eva era ya absoluta y definitivamente incorruptible"(1).

Los trabajos posteriores fueron de su modista que le adaptó un vestido que elaboró esa misma noche, su peinador de toda la vida, realizó el típico rodete que la caracterizaba y su hermano Juan Duarte ordenó el corte de un mechón de su cabello para su madre. Cumpliendo el pedido de la señora Eva la manicura quitó el rojo de sus uñas dejándole el brillo natural. Por último el doctor entrelazó sus manos con el rosario de nácar y plata obsequiado por el Sumo Pontífice. Antes de cerrar el ataúd introdujo un compuesto que explicó al General Perón -"expulsa el aire del interior del sarcófago sustituyéndolo por una atmósfera que hace imposible la vida de cualquier clase de microbios o de insectos, siendo, además, incombustible"(2).

Una vez que arribaron los restos a la capilla ardiente, fue inconmensurable la cantidad de gente que quiso despedirse de Evita, como consecuencia, el velatorio se prolongó 16 días. Más de dos millones de personas le rindieron homenaje, sobrellevando las inclemencias del tiempo y las interminables filas que provocaban una espera de hasta 15horas para desfilar frente al suntuoso sarcófago. En esos días grises mientras la tristeza invadía los corazones del pueblo, en las florerías de Buenos Aires era increíble encontrar una flor, ya que todas las tenía Evita.

En las afueras del edificio se podían contar aproximadamente dieciocho mil coronas de flores provenientes de todas partes del mundo así como las condolencias recibidas.

Durante el velatorio se abrió repetidamente el féretro lo que produjo que una corriente de aire destruyera la atmósfera artificial creada por el doctor. Una de esas aperturas fue a causa de que el General Perón colocó el en el pecho de Eva, el escudo peronista que tiene incrustaciones de piedras preciosas. Todas estas acciones pusieron en riesgo la conservación del cuerpo, por lo cual, el presidente de la Nación resolvió dar por terminado el velatorio. Se trasladaron los restos de la Señora al Congreso de la Nación donde se realizó una ceremonia más íntima hasta su traslado el Lunes 11 de Agosto hacia la C.G.T. (Confederación General del Trabajo). El segundo piso fue reacondicionado, donde el profesor Pedro Ara, comenzaría lo que sería para algunos una obra maestra y para otros una macabra profanación.

Una vez allí, se abrió el sarcófago y ante el asombro de los testigos presentes el cadáver estaba completamente rígido. Según palabras del doctor: -"Mis temores sobre el estado de la piel de las manos quedan desvanecidos pues las arrugas producidas por la desecación lenta se encuentran duras como el cartón".(3). Luego el profesor se encargó de retirar el rosario y el prendedor del escudo peronista, finalmente envolvió los dedos en un algodón con alcohol, glicerina y timol, después de cubrirle ojos, nariz y boca con un algodón embebido en las mismas sustancias, además de habérsele practicado incisiones en los talones y bajo la nuca por donde drenaba el cadáver; tapó el ataúd.

-"El 12 de Agosto a las 3.30 de la tarde hemos comenzado la inmersión del cadáver. He preparado 150 litros de líquido acetato y nitrato. El cadáver tiende a flotar, pero le hemos sacado el aire de los pulmones y bronquios y puesto almohadillas para sumergirlo. Le vendé uno por uno los dedos de las manos e impregné el vendaje antes de la inmersión con la mezcla de tricloroetileno. Todo el resto del cuerpo no necesita de ningún cuidado especial como las manos. A las 8.30hs de la noche hemos dado por terminado el trabajo, poniendo una tapa de hierro pesada del ataúd viejo para que sujete las almohadillas que impiden la flotación del cadáver".(sic)(4)

Así diariamente hasta el 7 de Octubre vigiló que el cadáver continuara sumergido y renovó las almohadillas cuando fue necesario.

El 7 de octubre por la mañana según el doctor Ara:
-"Sacamos el cadáver y lo fricciono con la mezcla decolorante. Luego le dejo sobre la cara un algodón empapado en la misma mezcla, que desprende inmediatamente mucho oxígeno…"(5)

El 9 de Octubre -"descubrimos el cadáver, damos salida a las burbujas de oxigeno y lo volvemos a dejar en perfecto estado". (6)

El 10, 11 y 13 de Octubre, el profesor con su ayudante reinyectaron otros líquidos preparados, nuevas mezclas con alcohol, formol y timol. Estas podrían fluir sin obstruir capilares y arterias pequeñas. Finalmente el 14 de Octubre se recubrió el cuerpo con una capa delgada de plástico.

Todo el proceso duró un año, pero dejó el cuerpo de la Señora para ser expuesto al aire libre y con sus órganos internos intactos. En la C.G.T. también se instaló una capilla ardiente. Después de tres años de incesantes y puntillosos cuidados por parte del profesor, el 16 de septiembre de 1955, con el nuevo gobierno de facto presidido por Pedro Eugenio Aramburu y su vicepresidente Isaac Rojas, es obligado a entregar el cuerpo. A partir de ese momento comienza el peregrinaje de esta persona tan controvertida de la historia.

El nuevo Gobierno tenía como idea primordial terminar con el mito "Eva Perón", primer paso a seguir sería deshacerse del cadáver de "Evita". Una de las opciones era cremar ese pequeño cuerpo de 1,25metros, como lo había dejado el doctor. Esta misión fue impuesta al Coronel Carlos Eugenio Moori Koening.

El 23 de Noviembre para cerciorarse personalmente si esa "supuesta momia" era en realidad el cadáver de Eva, una comitiva de médicos y radiólogos llegó a la C.G.T. Después de tomar varias radiografías del cuerpo, especialmente, de la cara para corroborar las piezas dentarias, importante para una identificación personal, se le secciona la primera falange para tomar impresiones digitales y el lóbulo de la oreja izquierda es extraído para un examen histológico que, según Pedro Ara, en un exceso de celo, comentó que era totalmente innecesario.

A los oídos del pueblo llegaban las más atroces leyendas, y lejos de perderse en la memoria de un país reprimido, agrandaba su pequeña figura que estaba sola a merced de los vencedores.

"Profesor….se la han llevado". Esta frase resonaba en la cabeza del doctor que durante tres años, había cuidado afectuosa y obsesivamente aquel cuerpo insepulto e indefenso. Los rumores que había sido arrojado al mar o cremado hicieron que la pena se apodere de él, pues creía que siendo el depositario debía haberlo acompañado a su destino final. Siendo la nueva política adversa para sí y sin motivo para quedarse, con gran incertidumbre volvió a su país, pero el destino le tenía preparada una sorpresa.

Mientras tanto, el cuerpo era llevado en una camioneta en la que estuvo alrededor de un año a cargo del coronel Moori Koening. Como la misión que se le había encomendado no fue cumplida, el Teniente coronel Gustavo Adolfo Ortiz se hace cargo del cadáver, embarcándose con él, rumbo a la ciudad de Milán. A nombre de Maria Maggi de Magistris fue sepultado en el cementerio del Musocco, quedando al cuidado de la madre superiora Giuseppina Airoldi.

El 1° de septiembre de 1971 se exhumó el cadáver y se lo transportó hacia la ciudad de Madrid, a la residencia del General Perón en Puerta de Hierro.

Tres días más tarde y después de dieciséis años, el Doctor Pedro Ara fue citado a la quinta "17 de Octubre" que el General Juan Perón compartía con su esposa Maria Estela Martínez. Cuando el Doctor arribó, fue acompañado por José López Rega a la parte trasera de la casa donde lo aguardaban los esposos y el ataúd con los restos de la Señora Eva Perón. Allí estaba después de tanto tiempo su "obra maestra" esperándolo. Según el profesor, el cuerpo se encontraba en buen estado de conservación, salvo, algunos deterioros como el cabello sucio y húmedo, las horquillas estaban oxidadas, algunos rasguños en el cuello por haberse vencido la tapa del ataúd y la nariz achatada, no eran problemas importantes.

La esposa del General, deshizo las trenzas limpiándole el moho y la tierra mientras el profesor Pedro Ara continuaba reconstruyendo los pequeños daños encontrados en el cuerpo.

"Otra vez sola". El General Juan Domingo Perón regresó a

la Argentina, y no trajo consigo el cuerpo de "Evita", éste, volvería por orden de Estela Martínez de Perón el 17 de Noviembre de 1974. El cadáver de Eva y luego el del General Perón que había fallecido en 1973 fueron depositados en el Palacio Presidencial. El 22 de Octubre de 1976, día que se entregaron los restos de Eva Duarte a su familia, se le dio cristiana sepultura en el cementerio de La Recoleta, en una bóveda de características sencillas que pertenece a la Familia Duarte. El ataúd de la Señora se encuentra a siete metros de profundidad en una construcción especialmente diseñada para evitar robos y atentados. Es imposible ver el féretro ya que fue colocado detrás de una placa de mármol negro donde hay grabados pasajes bíblicos y unos versos escritos por la señora Maria Elena Walsh.

Después de esta historia impresionante que nos lleva a pensar y disertar entre realidad y leyenda además de sacar nuestras propias conclusiones, me gustaría citar una frase de Platón, aunque a mí parecer en este caso no fue así "El cuerpo es la tumba del alma, porque está prisionero en él". El alma de "Evita" se prendió del corazón de los pobres y ellos la transformaron en mito, cumpliéndose así la famosa frase, "Volveré y seré millones".

-(1)(2) Eva Perón. La verdadera historia contada por el médico que preservo su cuerpo - Pedro Ara. Cap. VI, pág. 65, 68.
-(4)(5)(6) Eva Perón. La verdadera historia contada por el médico que preservó su cuerpo - Pedro Ara. Apéndice. Pág.289, 295, 297.
- Información Hemeroteca, diario Clarín, La Nación.

8.

Hipólito Yrigoyen "Honestidad"

El 12 de Octubre de 1916 comenzaba una nueva etapa para la Republica Argentina, a los sesenta y cuatro años el doctor Hipólito Irigoyen iniciaba su primer mandato presidencial (1916-1922). En ese día de Octubre el fervor popular sobrepaso los acontecimientos y un hecho inesperado quedo grabado en la retina de los argentinos e incluso en la del presidente que asumía. Cuando el primer mandatario se dispuso a ocupar el carruaje tirado por caballos que lo conduciría a la casa de gobierno, un acontecimiento sin precedentes ocurrió, cuando un grupo de personas desenganchó los animales llevando ellos mismos el coche hasta la sede de gobierno. Era el primer presidente que surgía de la Unión Cívica Radical. Persona honesta, transparente, con actitudes correctas y dignas de una persona de bien.

Hijo de don Martín Irigoyen Dodagaray y Marcelina Alem había nacido el 12 de Julio de 1852. Su bautismo fue cuando contaba con cuatro años de edad, junto a su hermano de dos años en la Iglesia de Nuestra Señora de la piedad.

Desde pequeño se perfiló un niño solitario, introvertido y tranquilo. Su familia influyó en su temperamento. Creció rodeado de mujeres angustiadas por los acontecimientos que vivían diariamente y toda esa tristeza era absorbida por el joven sin poder cambiar la historia que se repetía cotidianamente. Casi no jugaba ni tenía amigos, solo sus hermanos fueron su compañía durante su infancia. Su tío Leandro Nicéforo Alem contribuyó en su formación. Con la juventud aumentó su ostracismo y su afición por la escritura y la lectura, no le interesaba divertirse ni reír como hacían los demás chicos de su edad. Él había construido su propio mundo y disfrutaba de él.

Empezó sus estudios de abogacía mientras trabajaba como empleado de una tienda. Luego perteneció al equipo de trabajo de una empresa de tranvías y con el tiempo fue nombrado por Domingo Faustino Sarmiento como escribiente. Poco a poco ingresó en la política y pasó a ser candidato del partido autonomista. Posteriormente integro la Unión Cívica Radical.

Don Hipólito siempre lucho por sus ideales; educación popular, respeto a la Constitución Nacional y transparencia en los comicios. Nunca hizo públicas sus donaciones ni las ayudas que brindaba a las personas de escasos recursos, por las que tanto obró y luchó. Con el tiempo se conoció que mientras estuvo en ejercicio de su cargo como profesor en la escuela normal, jamás cobró un salario, todos fueron destinados al Hospital de Niños. En su desempeño como presidente de la República continuó con la compra de alimentos para los más necesitados. No importaba el partido político al que pertenecía, el color ni la religión sino la condición humana.

Durante el primer mandato de gobierno fue criticado por su bajo perfil y su poca exposición en público. No daba conferencias de prensa ni asistía a eventos sociales. Buscó gobernar al pueblo de la mejor manera posible y ser así recordado a través de los años.

Su vida continuó en su modesta y pequeña casa de la calle Brasil donde no existía la calefacción. En época invernal sus invitados permanecían con el abrigo debido al gélido ambiente de la casa. Su hija y su secretaria lo escoltaron en todo momento, él confiaba solo en esas dos personas que nunca lo habían defraudado.

Hasta el fin de su mandato su preocupación por las minorías que no estaban dentro del sistema, lo llevaban a no conciliar el sueño durante noches enteras. Por ello las decisiones de gobierno las tomaba el doctor Hipólito Yrigoyen sin escuchar propuestas de sus ministros. Muchas veces ese amor por el pueblo le jugó en contra. La cantidad huelgas y conflictos obreros en sus últimos años de gobierno además de la crisis mundial ocasionada por la Primera Guerra, afectaron profundamente su mandato y el desarrollo del país. La falta de bienes de primera necesidad, de trabajo, llevó a un reclamo popular en la calle y así el caos se adueño de la ciudad. Todo concluyó con lo que se llamó la "semana Trágica", fueron siete días de disturbios que produjeron muertes y heridos teniendo el ejército argentino que imponer el orden en la metrópoli. Estos acontecimientos lo afectaron sumándolo en una profunda tristeza por no haber impuesto el orden que se necesitaba, asimismo continuo hasta sus últimos días en el poder combatiendo la falta de trabajo. Miles de argentinos y extranjeros formaban filas en la casa de gobierno reclamando un derecho que les correspondía "Trabajar".

Contaba con setenta y seis años cuando inició su segunda presidencia (1928-1930). Hasta el fin de su mandato continuó obrando en beneficio del necesitado.

La crisis mundial continuaba agravando el desarrollo de muchos países, lo que dificultaba la tarea de gobierno. Su postura y carácter había recrudecido, era mucho más reservado y ya debilitado y anciano tomaba decisiones lentamente. Su actuación como primer mandatario había perdido prestigio ya que Don Hipólito se había quedado en el tiempo sin "evolucionar" a las nuevas condiciones sociales y económicas de la época.

Un hecho inesperado produjo un cambio rotundo en su vida. Corría el mes de Diciembre y mientras se dirigía en su auto una persona atentó contra su vehículo disparando varios proyectiles. En ese momento la custodia del presidente abatió al agresor. Indignado y conmovido el doctor Yrigoyen se cuestionaba el accionar del atacante y repetía –" Y yo que nunca hice mal a nadie".

Los días continuaron y el miedo se apoderó de su persona, ya recibía menos cantidad de gente en su despacho y cuidaba su entorno.

En Septiembre de 1930 un golpe militar originado por el general Agustín Pedro Justo y llevado a cabo por el general José Félix Uriburu, lo llevo a renunciar el 6 de Septiembre en el cuartel siete de infantería de la ciudad de la Plata y luego trasladado a la Isla Martín García donde privado de su libertad pasó dos años.

Ya hacía unos meses que Hipólito Yrigoyen sobrellevaba una larga enfermedad. Los médicos le habían recomendado reposo absoluto, pero los acontecimientos lo abatían y ello agravaba más su estado de salud. A medida que los días pasaban decaía abruptamente y los galenos veían como se les iba de las manos esa vida que luchaba contra la muerte.

La humildad de su vivienda y la austeridad de su mobiliario demostraban la honestidad de éste gran hombre, dos veces presidente de la República Argentina.

Debido a una bronconeumonía que se había complicado el último tiempo, el 3 de Julio fallecía en la ciudad de Buenos Aires uno de los más fervientes defensores del pueblo que había luchado por sus ideales sin importar las consecuencias de su batalla. Bajo un cielo gris y una intensa lluvia, millares de personas querían rendirle un último homenaje, por ello, las filas para ver su cuerpo embalsamado eran interminables. Solo se escuchaban sollozos, palabras de agradecimiento y algunas estrofas del Himno Nacional Argentino. Tres días después ingresaba al cementerio de la Recoleta el cortejo multitudinario que acompañaba los restos del ex presidente de la Nación y así con su nombre inmortalizado en bronce se cerraba otra etapa en la historia de la República Argentina.

Categoría: Monumento Histórico Nacional

Debo aclarar que la categoría comprende el Panteón de los Caídos en la Revolución de 1890. Aquí también se encuentran sepultados:

* Leandro Nicéforo Alem   (1844-1896)
* Hipólito Irigoyen   (1852-1933)
* Elpídio González   (1875-1951)
* Arturo Umberto Illia   (1900-1983)

9.

Panteón de los Ciudadanos Meritorios

Después de haber transitado entre las bóvedas y escuchado alguna de las historias fascinantes de esos moradores que hoy forman parte de esta necrópolis, hacemos un descanso frente a este significativo panteón.

Antes de continuar, debemos ubicarnos en el plano del cementerio. Estamos sobre la calle principal y frente a nosotros el Cristo Redentor. Este sitio fue diseñado por el ingeniero Próspero Catelín para dar sepultura a personalidades que colaboraron, en distintos aspectos, con la Nación. Debido a que este libro no tiene un carácter totalmente histórico, solo me remitiré a nombrar cada una de las personas que integran este solar, sin hacer una descripción de su vida particular. Solo quiero que el lector tenga conocimiento de la existencia del panteón y poder así rendir un homenaje, aunque pequeño, a todos estos "ciudadanos meritorios".

El lugar fue declarado Monumento Histórico Nacional.

* A. D. Juan Andrés de la Peña   -Educador- (1799 - 1864)
* Dn. José Y. Álvarez de Arenales -Militar-   (1798 - 1862)
* Dn. Marcos Balcarse   -Militar-   (1777 - 1832)
* Brigadier General Don Cornelio
  Saavedra   -Militar-   (1759 - 1829)
* General Don Juan Izquierdo   -Militar-   (1792 - 1834)
* Deán Gregorio Fúnes   (1)   -Sacerdote-(1749 - 1829)
* Coronel y Jefe de Policía Don
  Gregorio Perdriel   -Militar-   (1785 - 1832)
* Presbítero Antonio Sáenz   -Sacerdote-(1780 - 1825)
* Coronel Ramón Estomba   (2)   -Militar-   (1790 - 1829)
* Guillermo Rawson   -Médico-Político-
                                                            (1821 - 1890)

-(1) Sus restos fueron trasladados a la ciudad de Córdoba.
-(2) Sus restos fueron trasladados en 1980 a la ciudad de Bahía Blanca.

10.

Torcuato de Alvear "Primer Intendente de Buenos Aires"

Hijo de Carlos María de Alvear (1789-1852), había nacido en 1822 en el seno de una familia que desde la época de la colonia estaba afianzada en el país. Desde ese tiempo su apellido sobresalió en la historia.

En sus primeros años se desempeñó como estanciero y lejos veía en él incursionar en política como lo había echo su padre, pero la influencia de éste lo encaminó a comenzar lo que fue un desempeño de la función pública brillante.

Presidió la Comisión Municipal hasta que se disolvió y el 14 de Mayo de 1883 durante la presidencia de Julio Argentino Roca fue nombrado primer Intendente de la Ciudad de Buenos Aires.

Hasta ese período el sistema iba decayendo día a día y repercutía en el desarrollo de la metrópoli llevándola al abandono absoluto. La política de ese entonces y la crisis mundial contribuían a la decadencia de los países, que año tras año aumentaban el endeudamiento para cubrir los gastos de los empréstitos que contraían. Los edificios en ruinas, las calles en mal estado, la poca salubridad de los cementerios y los peligros que acechaban a los ciudadanos eran algunas de las cuestiones que llevaron al doctor Alvear a iniciar el cambio y convertir a esta maravillosa urbe en una de las principales de América Latina.

Como en todas las épocas del país los adversarios políticos existieron y son los encargados de criticar y desairar los proyectos de las personas que quieren llevar a cabo la ardua tarea de sacar la Nación adelante. A pesar de sus fuertes oponentes Don Torcuato de Alvear llevó a cabo el intrincado plan de urbanización y embellecimiento de Buenos Aires. Realzó los edificios públicos, creó hospitales, inició la construcción del asilo de mendigos y de los inválidos, adoquinó y ensanchó calles, instituyó plazas y su parquización con especies de árboles que hasta ese momento no se utilizaban como la palmera, por ello, se lo apodó "palmerita". Dio origen a la avenida de Mayo hasta la calle Entre Ríos, ordenó la demolición de la vieja Recova que dividía a la Plaza de Mayo de De la Victoria, engalanó la Casa de Gobierno y fomentó la construcción de palacios y casas de estilo europeo que aún perduran.

El cementerio de La Recoleta fue transformado en un sitio ordenado e imperturbable. Se volvió a la planificación de los entierros, se construyó el muro que lo divide de la alborotada periferia, se remodeló la capilla, y demás tareas que fueron llevadas a cabo por el arquitecto Buschiazzo. Por todos éstos y otros logros es distinguida la figura de Torcuato de Alvear dentro ésta necrópolis.

Don Torcuato falleció en 1890.

Su hijo fue Marcelo Torcuato de Alvear(1868-1942) ocupó el cargo de Presidente de la Nación en el período 1922-1928.

El mausoleo de la familia se encuentra ubicado en la entrada del cementerio. De granito martellinado, dos magnas columnas con una cruz en relieve sostienen un arquitrabe donde se lee, General-Alvear. El ingreso es por una puerta de doble hoja y dentro un montacargas a manivela ayuda en el descenso de los féretros a la oscuridad impenetrable. Es obra del arquitecto Alejandro Christophersen.

Categoría: Monumento Histórico Nacional.

Historias de Amor

1-	A Mia Figlia.

2-	Esposa y Amiga.

3-	La Ofelia del Plata.

4-	Un amor más allá de la muerte.

5-	Un malogrado amor.

6-	Una triste historia de amor.

1.

Liliana Crociati de Szaszak "A Mia Figlia"

En febrero de 1970 una terrible tormenta de nieve azotó la zona de los Alpes, castigando la ciudad de Innsbruck -Austria-, y sus alrededores. Cuantiosos daños eran informados por los diarios que reflejaban la situación catastrófica de la zona. La joven Liliana y su esposo habían arribado allí para descansar y realizar uno de sus deportes favorito; el esquí.

Habían pasado unos días maravillosos disfrutando de las actividades que le ofrecía la región. Nada ni nadie presagiaba el horror de esta tragedia. Cuando se disponían a regresar a la Argentina, un temporal de nieve produjo un alud, impidiendo su retorno y dejando toda la zona anegada. Los hoteles que se encontraban en la montaña habían sido sepultados quedando el hospedaje de los esposos bajo esa inmensa cantidad de nieve. A las ocho de la mañana comenzaron las tareas de rescate, pero muchas personas fueron encontradas sin vida. El cuerpo de Liliana yacía semi asfixiado pero su pulso no estaba agotado. Todas las esperanzas duraron solo un par de horas. Ese 26 de Febrero de 1970 fallecía Liliana Crociati a los veinticinco años de edad.

Las noticias llegaban a Buenos Aires y sus progenitores no podían contener el dolor y la incertidumbre de saber si su hija se encontraba fuera de peligro.

Con mucha congoja recibieron la triste crónica del fallecimiento de la pareja. No podían disimular el sentimiento de vacío y angustia que los envolvía y los sumía en un profundo pesar. Se había extinguido esa única luz que alumbraba su existencia.

En la ciudad del Plata familiares y amigos aguardaban el arribo de los restos para darles sepultura.

Sus padres construyeron en el cementerio de la Recoleta una bóveda de estilo neogótico con ventanas ojivales. El ataúd se encuentra en el subsuelo y esta cubierto por un sarí rojo traído de uno de sus viajes por la India. En las paredes hay fotos pertenecientes a distintas etapas de su vida.

El escultor Wilfredo Viladrich (1923-1976) fue el encargado de ejecutar esa maravillosa y delicada escultura de Liliana con su vestido de novia y su perro "Sabú". Ese amigo fiel que la había acompañado incondicionalmente durante una etapa de su vida y que ella recordaría a través de los años.

A MIA FIGLIA

SOLO MI CHIEDO IL PERCHÉ.
TU SEI PARTITA E DISTRUTTO HAI LASCIATO IL MIO CUORE
CHE TE SOLAMENTE VOLEVA, PERCHÉ?
PERCHÉ? SOLO IL DESTINO SA IL PERCHÉ E MI DOMANDO PERCHÉ?

PERCHÉ NON SI PUÓ STARE SENZA TE, PERCHÉ?
TANTO BELLA ERICHE LA NATURA INVIDIOSA TI DISTRUSSE, PERCHÉ?
PERCHÉ, SOLO MI DOMANDO SE DIO C'É, CON SE PORTA VIA CIÓ CHE SUO NON É.
PERCHÉ CI DISTRUGGE E LASCIA ALL'INFINITO IL DOLORE!

PERCHÉ? CREDO AL DESTINO E NON A TE, PERCHÉ?
PERCHÉ SOLO SO CHE SEMPRE SOGNO CON TE, PERCHÉ C'É DI CHE?
PER TUTTO L'AMORE CHE SENTE IL MIO CUORE PER TE.
PERCHÉ? PERCHÉ?

IL TUO PAPÁ

2.

Remedios de Escalada de San Martín "Esposa y Amiga"

Nació en Buenos Aires el 20 de Noviembre de 1797, hija de Tomasa de La Quintana y José de Escalada. Conoció al general José de San Martín en una tertulia por intermedio de un amigo del general. Remedios admiró desde el primer momento a ese joven apuesto y con alto rango militar.

La niña se enamoró de ese gallardo y distinguido hombre, asimismo él quedo prendado de esa mujercita que emanaba feminidad.

El noviazgo fue breve pero el intenso amor llevó a la pareja al matrimonio hasta que la muerte los separó. El casamiento fue el 12 de Noviembre de 1812, ella contaba con 15 años de edad. Su aspecto delgado la hacía una persona débil. Sus cabellos con rizos castaño oscuro enmarcaban su rostro pálido y oval que se contraponía con la solidez y la elegancia de don José de San Martín, algunos años mayor que ella.

Remeditos, como la llamaban en su círculo íntimo, usaba vestidos blancos con lazos celestes común entre los jóvenes de ese período. Como todas las niñas que pertenecían a la clase social alta dominaba el idioma francés, tocaba el piano y cantaba. Hasta ese momento su vida seguía los lineamientos de la época virreynal.

Con el matrimonio, las actividades no eran las mismas. Comenzó a participar activamente en distintas organizaciones como verdadera patriota y lejos estaba la frivolidad de la soltería. La patria en ese momento exigía compromisos y, a raíz de ello, mientras permanecía con el general en Mendoza a fines de 1814 y ante la falta de recursos para organizar la flota, que iría a recuperar colonias perdidas, Remedios fue la precursora de entregar sus Joyas para contribuir con el equipamiento de las fuerzas. Su ejemplo nacionalista llevó a la mayoría de las damas de toda posición social a donar sus joyas, Vajilla, cubiertos de plata, todo elemento de valor era importante.

El 24 de Agosto de 1816, nació el único descendiente del matrimonio, una niña, a la que bautizaron con el nombre de Mercedes Tomasa, a los siete días de su nacimiento en la ciudad de Mendoza.

La campaña de Chile estaba en marcha y mientras el general San Martín partía hacia la cordillera de los Andes para comenzar su travesía, Remedios retornaba nuevamente a la casa de sus padres en Buenos Aires. La comunicación entre los esposos era muy espaciada, pues la correspondencia era la única manera de mantener el contacto. El general siguió atentamente las noticias provenientes de Buenos Aires y el delicado estado de salud de su amada Remeditos y de su adorada Merceditas.

Remedios sufría el alejamiento con hondo pesar y la opresión que ella sentía en el pecho causada por la Tuberculosis, que lentamente acababa con sus pulmones, se agravaba por la angustia de estar lejos de su amado y la incertidumbre de no volverlo a ver, profundizaba su dolor.

Los años siguientes fueron de sufrimiento para Remedios. El mal que la aquejaba iba apagando su vida lenta pero conscientemente. En el hogar de los Escalada se vivieron días tristes. Sus padres contenían las lágrimas frente a ese pequeño rostro, que no mucho tiempo atrás acunaban orgullosamente. Ese espíritu joven y fresco peleaba por vivir diariamente, tratando de alargar su permanencia en esta tierra que se negaba a dejar por completo sin antes ver a su adorado José.

Enferma de gravedad fue llevada a la quinta de su hermano Bernabé, sobre el llamado zanjón de las Quintas y la calle larga, actualmente la calle Caseros y Monasterios. Mientras agonizaba y deliraba por la alta fiebre, llamaba a José de San Martín, que se encontraba lejos de ese hogar.

El 3 de Agosto de 1823 se produjo el triste y lamentable deceso de la dulce Remeditos en compañía de toda su familia que tanto la había cuidado y protegido sus últimos días. La muerte trajo aparejada disputas familiares entre Bernabé (hermano de Remedios) y Don José de San Martín. Bernabé le reprochaba entre otras cosas, el abandono de su hermana, que hasta el fin de su existencia imploró por su amado.

"Su cuerpo fue conducido a la casona de Escalada, en el centro de la ciudad, para ser velada" (1)

Si nos remitimos al acta de defunción y entierro de Remedios dice: "En tres de Agosto de 1823 murió Maria de los Remedios Escalada, natural de esta ciudad, de 25 años, casada con el General José de San Martín, habiendo recibido todos los sacramentos, sepultóse en el cementerio del Norte y por ser verdad, lo firmo. Dr. Julián Segundo de Agüero".(2)

Lleno de gloria retornó a Buenos Aires José de San Martín, pero ya no lo estaba esperando su amiga y esposa para compartir sus hazañas.

Con gran congoja realizó su primera visita al cementerio del Norte para reencontrarse con su amada.

Frente a sus ojos, un paisaje desolador y un pequeño montículo de tierra que contenía los restos mortales del amor de su vida. Todo ello lo embargó en un sentimiento de impotencia y dolor.

Para que el recuerdo de Remedios perdurase a través de los años, evitando caer en el olvido, mandó a construir un sepulcro en mármol, obra del Ingeniero Felipe Bertrés, de características sencillas como su estilo de vida. En el epitafio reza:

Aquí descansa
Da. Remedios de Escalada
Esposa y Amiga del Gral. San Martín.

Dicha tumba data de 1823 siendo una de las más antiguas del cementerio.

Desde el año 1900 hasta 1972 la lápida de mármol fue sacada de su lugar de origen, vendida, subastada y expuesta en museos hasta ser restituida a su sitio por las autoridades de la época.

Antiguamente frente a la tumba se encontraba una estatua del general San Martín y su hija Mercedes. Fue retirada en una de las remodelaciones del cementerio.

Categoría: Monumento Histórico Nacional.

1 Armando A. Piñeiro, General Don José de San Martín, Libertador de América, Revista I.N.S.
2 José Torres Revello, Selección de Documentos relativos al Libertador Don José de San Martín, 1953.

3.

Elisa Brown "La Ofelia del Plata"

Niña dulce, de mirada resuelta, cabellos finos y largos, piel nacarada y de personalidad metódica. Criada en el seno de una familia británica. Hija del Almirante Guillermo Brown y Elisa Chitty. Nació el 31 de Octubre de 1810.

Disfrutaba de largos paseos en compañía de amigas, bajo la tutela de sus padres. Su lugar predilecto era la quinta que poseían en el barrio de Barracas. La casa de dos plantas con un hermoso jardín, era deleite de Elisa. En él, pasaba varias horas leyendo historias que la hacían soñar con el amor. La mayoría de sus paseos eran hasta el castillo, de exquisita ornamentación, mandado a construir por Don Anselmo Sáenz Valiente en 1806.

Las familias más ilustres de la época tenían sus residencias aquí. Barrio señorial, distinguido y misterioso, donde la muerte disfrazada de "amor" arrebató varios corazones juveniles.

Elisa encontró el amor en la figura del Capitán escocés Francis Drummond. Juntos gozaban de la naturaleza que les brindaba tranquilidad e intimidad en las floridas barrancas adyacentes a su quinta. Elisa sentía idolatría por ese hombre que contaba historias fascinantes de los campos de batalla.

Fue en esos parajes donde el joven le declaró su amor incondicional. Participadas, ambas familias recibían la noticia con mucha felicidad, comenzando así los preparativos previos a la boda.

Una tarde soleada, irrumpió en la quinta el capitán Drummond y le pidió a Elisa que lo acompañara a la rivera. Una vez allí, tomándola de la mano, le comentó consternadamente que el Almirante Brown le había confiado la misión de comandar la nave "República" en la batalla que libraría contra la escuadra imperial del almirante Norton. El joven aseguró a Elisa que a su retorno se llevaría a cabo el enlace.

Ella esperó ansiosa la llegada de su amado, que tiempo atrás le había prometido su regreso. Tristemente sus sueños se vieron destruidos al recibir la nefasta noticia sobre la muerte heroica del capitán Drummond en combate. El joven marino había sido alcanzado por la metralla.

Mientras sus oídos escuchaban la noticia, su mente se remontaba a los felices paseos en compañía de su amado.

Así fueron pasando los meses y hundida en su tristeza sin poder reponerse de tal pérdida, tomó la resolución que venía rondando dentro de su cabeza.

Impávida e inmutablemente, sin dejar aflorar sus sentimientos ni derramar una sola lágrima, en el crepúsculo del 27 de Diciembre de 1827, después de pasear por las barrancas sin un rumbo establecido, regresó a su cuarto reafirmando su decisión.

Dirigiéndose al arcón, retiró suavemente el vestido de novia que luciría el día de la boda. Cerró las cortinas y la oscurecida habitación solo era iluminada por una vela. Vistió su traje de novia, aguardó pacientemente que nadie obstruyera su paso, mientras pensaba en reencontrarse con su amor. Sigilosamente se dirigió hacia la costa internándose en el río mientras su vestido se enredaba con juncos y camalotes, hasta que la blanca figura desapareció en las turbias aguas.

Una nueva tragedia enlutaba Buenos Aires.

Fue enterrada junto a su amor en el primer Cementerio Británico de la ciudad, pero luego trasladada al cementerio de la Recoleta. Sus restos descansan junto a los de su padre, en una pequeña urna de bronce donde se lee la siguiente inscripción:

Elisa Brown
31 Octubre 1810 – 27 Diciembre 1827

4.

Guadalupe Cuenca de Moreno "Un amor más allá de la muerte"

Esta historia de amor traspasa los límites de la realidad, sus protagonistas Guadalupe Cuenca y Mariano Moreno, un amor tan profundo que seguramente los volvió a unir en el más allá.

Mariano Moreno viajó a Chuquisaca para instruirse en teología pero una vez allí su vocación lo llevó a estudiar abogacía en la Universidad local.

Cada día realizaba el mismo trayecto desde su hospedaje hasta la casa de altos estudios y diariamente se detenía frente a un comercio que exponía en su vidriera un retrato en miniatura. El marco poseía un trabajo de orfebrería y en el centro se encontraba la imagen de una mujer. Impactado por esa modelo volvería obsesivamente a admirar esa belleza que primero no pudo sacar de su cabeza y luego de su corazón.

Cierto día ya no se contentó con solo observarla e ingresó y preguntó al tendero. Así se enteró que la joven era oriunda de la ciudad, pero no complacido con esos datos se embarcó en la aventura de buscar a esa muchacha, porque él estaba dispuesto a cambiar ese amor platónico.

Su nombre era María Guadalupe Cuenca nacida en 1790. Desde de su niñez había estado recluida en un convento hasta los catorce años de edad, jamás se le hubiese ocurrido pensar que el hombre que hoy estaba frente a ella la había buscado con tanto deseo y constancia.

Por fin estaba mirando realmente a esa mujer que apenas salía de la adolescencia y que tanto admiró en ese retrato. Su cabello negro recogido con un gran rodete su piel color cetrina y esos ojos tan negros y brillantes que agregaban a su rostro un ingenuo.

Ante la mirada candorosa de Guadalupe sucumbió nuestro querido Mariano y fue correspondido por el apasionamiento de su tenacidad.

Varios encuentros fueron suficientes para ponerle fecha a la boda que se celebró el 20 de Mayo de 1804 en la catedral de la ciudad. Mariano temiendo la represalia por haber desobedecido los planes de sus padres para con él, envió a un amigo de la familia las noticias para que éste intercediera ante sus progenitores, que para ese entonces lo creían convertido en sacerdote. Contrario a sus pensamientos en Buenos Aires esperaban ansiosamente el pronto regreso de su hijo y su fiel esposa.

El 25 de Mayo de 1805 Guadalupe daba a luz a "Marianito" sellando así el gozoso amor que se prodigaban pero a pesar de la enorme felicidad que le había traído la llegada de su retoño, Mariano comenzó a sentir nostalgia por los suyos.

Habían pasado casi cinco años de su partida, su añoranza y melancolía se hacía insostenible repercutiéndole muchas veces en su delicado estado de salud.

Guadalupe, que no veía más que por los ojos de su esposo, aceptó acompañarlo.

Los tres comenzaron la ardua travesía que les llevó aproximadamente cinco meses, llegar a Buenos Aires. Fue un viaje penoso por la precariedad del transporte, la peligrosidad de los caminos y las inclemencias del clima a la que se veían expuestos.

Con la llegada de los esposos a la ciudad, se llenaron los corazones de júbilo. Lupe, como la llamaba Mariano, vio su sacrificio del desarraigo y las penurias del viaje que eran recompensadas por el recibimiento como nueva integrante de la familia.

Compraron una casa sencilla de habitaciones amplias y frescas, cómodo salón y un patio rodeado de plantas coloridas que desprendían sus aromas. Allí, la pareja pasaba sus ratos libres viendo crecer a Marianito.

Mariano Moreno fue enviado en una misión diplomática a Londres y los Saavedristas (rivales políticos) se alegraron con su partida.

El 24 de Enero de 1811 a las seis y media de la tarde Mariano, acompañado de su hermano Manuel Moreno y su amigo Tomás Guido, se embarcaron en "La Mistletoe" para luego hacer trasbordo a la fragata inglesa "La Fama".

En el embarcadero quedó largo rato Guadalupe junto a su hijo que habían concurrido a despedir a su "Amado". En su mente, Lupe, siempre había pensado que no era digna de ese hombre y que algún día la dejaría. Ese sentimiento se hacía realidad, él se iba y no lo volvería a verlo jamás. Se quedaron allí hasta que la escuna se perdió en la bruma del río.

A los días de haber zarpado su marido, en su casa recibió una caja conteniendo un par de guantes negros, un abanico de luto y un velo, símbolo de viudez. Un escalofrío recorrió su cuerpo y por primera vez sintió que la pérdida de su cónyuge no sería por abandono.

Los primeros días en altamar apenado por dejar a los suyos pero orgulloso de servir a su país, afectaban más su salud.

Manuel cuidaba de él constantemente hasta que un día en su ausencia, el capitán del barco entró en el camarote y le suministró una sustancia letal en un vaso de agua.
Mariano la bebió sin sospechar que su fin estaba próximo. Según testimonio de Manuel Moreno, la "medicina" tenía una "dosis excesiva" de emético "cuatro granos de antimonio tartarizado". (1)

Fueron tres días de dolorosa agonía lo que no le impidió dar instrucciones sobre la culminación de la misión que le había sido encomendada y rogaba por el cuidado de su familia. Su deceso fue el 4 de Marzo de 1811 en horas de la madrugada y su cuerpo fue descubierto echado en el piso de su camarote.

En Buenos Aires Guadalupe mitigaba su tristeza con cartas que escribía a su querido Mariano, en ellas contaba sobre su hijo, su familia, su pena y aconteceres políticos. La primera carta tenía fecha el 14 de Marzo de 1811, diez días después que Mariano Moreno había emprendido un viaje misterioso y yacía en el fondo del mar.

Corría el mes de Agosto cuando a la casa de los Moreno-Cuenca llegó el chasqui trayendo la correspondencia. Lupe fue a recibirlo, mientras los latidos de su corazón golpeaban su sien de tanta felicidad, por fin tendría respuesta a sus misivas. Su amor no la había abandonado como ella temía. Comenzó a leer y su rostro se iba transformando a medida que avanzaba su lectura, la remitía Manuel desde Londres y le anunciaba la muerte de su hermano, su mente solo pensó en la caja que le había anunciado su viudez.

Su admirado esposo, tan tenaz e idealista se había hecho de enemigos poderosos y esto le costó la vida.

De ahora en más que sería su vida?. La mujer que había en ella, yacía junto a su amor y solo subsistiría la madre, todavía le quedaba su hijo por quien luchar y así lo hizo. Pidió un subsidio para la manutención de ella y su vástago y el primer triunvirato se lo otorgó permitiéndole continuar con la crianza del pequeño.

Tras haber pasado un tiempo fuera del país regresó a Buenos Aires y ya frágil de salud y extenuada por los acontecimientos de la vida, el 1° de Septiembre de 1854 dejó de existir físicamente y su alma se reencontraría con la de Mariano como tiempo atrás en Chuquisaca.

Sus restos se hallan en una urna de mármol gris junto a los de su hijo, en la bóveda perteneciente a Mariano Moreno y Mercedes Balcarce de Moreno.

Categoría: Monumento Histórico Nacional.

(1)- "El amor en tiempos de la Revolución" Guadalupe Cuenca y Mariano Moreno. Vanesa Greco.

Carta de Guadalupe Cuenca a Mariano Moreno

Ésta es la primera carta enviada por Guadalupe Cuenca de Moreno a su amado. Se respeta escritura original de Guadalupe.

Bs. As., 14 de Marzo de 1811.

Mi querido y estimado dueño de mi corazón me alegrare qe lo pases bien y qe al recivo de esta estés yá en tu gran casa con comodidad y qe Dios te dé asierto en tus empresas tu hijo y toda tu familia queda bueno pero yo con muchas flucciones y el dolor en las costillas qe no se me quita y cada vez va a más estoy en cura, me asiste Argerich, seme aumenta mis males al verme sin vos y de pensar morirme sin verte y sin tu amable compania, todo me fastidia todo me entristese las bromas de micaela me enternecen pr qe tengo el corazón más pa llorar qe pa reír y asi mi querido Moreno, si no te perjudicas procura benirte lo más pronto qe puedas ó si no aseme llevar pr qe sin vos no puedo vivir la casa me parese sin gente no tengo gusto para nada de conciderar qe estés enfermo ó triste sin tener tu muger y tu hijo qe te consuelen y participen de tus disgustos; ¿ó quisás ya abres encontrado alguna ynglesa qe ocupe mi lugar? no aga eso Moreno, quando te tiente alguna ynglesa acordate qe tenés una muger fiel a quien ofendes después de Dios: El Inglés qe bino con Dn. Alejandro dias antes qe te embarcaste bino anteayer y me dijo qe si queria escrivirte, y sin embargo de aberte escrito hace ocho días te buelbo a escrivir pues no me queda otro consuelo y no te enojes de qe te caliente la cabesa con mis cartas no dejes de escrivirme en cuanto barco salga y abisarme todo ya basta de guardar secretos de tu muger. Fr Cayetano no te escrive no se pr qe y anda mui ocupado lo han echo Provincial. Peña ya se recivió. Bustamante ya bino y Agrelo me ago cargo qe estará muerto de embidia de ver qe se le a escapado al ser fiscal: Todos los días nos asustan con Elío dicen qe biene a bombear en la otra banda se han levantado contra los de Montevideo, salió haora dias Moldes con 600 hombres ala otra banda, Vieites ásalido a comición no se sabe donde. Bustamante estubo a verme y todos tus amigos a ofrecérseme. El quarto está sin alquilar hase un mes la negra grande esta echa un monstruo de ese empeine en la cara no ay quien la compre boi a ver si la puedo bolber, me dicen qe es lepra, el médico dice qe es un empeine terrible el negro va vien la negra chica siempre perversa no la vendo todavía de miedo de qe me toque otra peor; nuestro hijo sigue en la escuela siempre flaquito le há dado en cara el vino y sólo quando le digo qe tome a tu salud lo toma. Te resa al lebantarse y al acostarse y me dice mi madre todo lo qe reso en la escuela lo ofresco para mi padre, y el modo de ofrecer es diciendo estas oraciones te ofresco pa qe le des buen viaje y lo traigas pronto: darás espreciones a Manuel de y qe te cuide; recivan los dos muchas espreciones de tu madre tus ermanas Marianito y la Marzela y toda la familia y áse lo qe tu madre te dice del cumplimiento de Iglecia, y Dios te dé muchos años de vida y salud para el consuelo, amparo y bien de ésta tu desconsolada esposa Maria Guadalupe Moreno.

"Cartas que nunca llegaron", *Enrique Williams Álzaga, Emecé Editores, Buenos Aires, 1967.*

5.

Felicitas Guerrero de Álzaga "Un malogrado Amor"

Esta es una de las historias donde, no por ser de amor ha de tener un final feliz.

En el Buenos Aires de 1872 fue uno de los acontecimientos más trágicos que sacudió a la sociedad porteña, la gente atónita no podía creer lo que leía en los periódicos, una de las familias más tradicionales y notorias de la sociedad se destruía.

Felicitas era hija de Carlos Guerrero Reissig y Doña Felisa Cueto de Montes de Oca. El crecimiento de la niña se desarrolló en el seno de una familia de clase alta, donde los buenos modales, costumbres y conocimientos de música e idiomas eran habituales.

A los 15 años su padre decidió su futuro entregándola en matrimonio a Don Martín Gregorio de Álzaga. Don Martín, un hombre de edad, era cuatro años mayor que el padre de la niña. Su habilidad en los negocios había multiplicado su cuantiosa fortuna.

Lo que preocupaba en esos días a la pequeña Felicitas era ver frustradas sus ilusiones de casarse con el hombre de su vida, por ello sus padres trataban de calmar su angustia argumentando que toda su vida estaría protegida por un Señor de bien y que el amor vendría con el tiempo.

Los acontecimientos se desarrollaron rápidamente; la presentación en sociedad, los preparativos para la boda y el casamiento en la Iglesia de San Ignacio en 1862.

Durante el himeneo los invitados comentaban sobre la hermosura de la niña, la elegancia de su vestido y el anillo de brillantes que daba testimonio fiel del sacramento del matrimonio. Tanta hermosura contrastaba con el semblante adusto de Don Martín.

De la unión de la pareja nació el 21 de Julio de 1866 el primogénito Félix Francisco Solano, pero su deceso se produjo el 3 de Octubre de 1869, causado por la fiebre amarilla.

La muerte de su hijo y las apariciones esporádicas de dos personas la hacían estremecer. La ex pareja de don Martín rondaba la casa hostigando a la joven y el señor Enrique Ocampo, su fiel y frustrado enamorado.

Los días tristes vividos por los esposos trajeron aparejadas muchas disputas entre ambos. La relación se iba desgastando a pesar de que ella estaba nuevamente embarazada. La salud de don Martín iba decayendo día a día y sumado a la muerte de su segundo hijo recién nacido, el 2 de Mayo de 1870, llevó al señor de Álzaga a sumergirse en una profunda depresión.

Mientras corrían los días Felicitas elaboraba en soledad el duelo de la pérdida de su segundo hijo y sin sospechar que la muerte visitaría nuevamente su hogar, moría en Buenos Aires el último de los Álzaga. El funeral se realizó en la Catedral metropolitana y el entierro en el cementerio del Norte.

La pobre Felicitas contaba con veintidós años cuando se encontró sola y abatida emocionalmente por los acontecimientos vividos durante los últimos meses. A partir de ese momento sería la única heredera universal de unas de las fortunas más grandes de la Argentina.

Con el tiempo volvió a las actividades sociales que tanto le agradaban y su figura esbelta y femenina era cortejada por muchos pretendientes que buscaban relacionarse con ella formalmente. El estanciero Don Samuel Sáenz Valiente fue el elegido por la joven pero Enrique Ocampo volvía a su vida. En los últimos bailes de carnaval ambos se habían divertido y creyéndose el elegido, al enterarse que otra persona gozaba de las preferencias de Felicitas, entró en un estado de desequilibrio y enceguecido por la situación fue el responsable de apagar la llama, que comenzaba recientemente a avivarse en el corazón de Felicitas.

El desenlace final se sucedió en "La Postrera", la estancia que Álzaga tenía en la zona de Barracas. La joven se encontraba organizando la fiesta que se iba a celebrar con motivo de la inauguración del puente sobre el río Salado.

En la noche del 29 de Enero de 1872, al regresar a su quinta después de haber realizado compras en la ciudad, se encontró con la inesperada visita de Enrique Ocampo.

Desde el salón principal llegaba el murmullo de los invitados mientras en la sala de estar la aguardaba el inesperado visitante. Antes de saludar a su verdadero amor, el señor Samuel Sáenz Valiente, se dispuso a enfrentar a Enrique Ocampo. A medida que pasaba el tiempo y muy nervioso, elevaba la voz exigiéndole amor. Ante la negativa de la niña, el señor Ocampo en un ataque de ira sacó un arma que asustó a Felicitas. Al tratar de huir y de espalda a Enrique, una bala le atravesó el ángulo superior izquierdo del omóplato comprometiendo la médula. Ensangrentada cayó al piso e inmovilizada por el dolor fue socorrida por los presentes. Sobre Enrique se pueden escuchar dos versiones. La primera es que inmediatamente al ver dicha escena atentó contra su vida produciéndose su muerte minutos más tarde. Otra versión de los hechos es una lucha que tuvo cuerpo a cuerpo con Cristian de María, hijo de Bernabé, éste, en un acto repentino le introduce el arma en su boca, y detonando el gatillo vuela su cráneo desencadenándose la muerte inmediatamente. Pongo en conociendo al lector de las dos versiones de los hechos ya que todavía siguen las dudas sobre su muerte.

La última noche agónica de Felicitas la pasó en compañía de su amiga, Albina Casares, y cuatro médicos que la examinaron y diagnosticaron desgarramiento y rotura de órganos vitales. Hasta último momento luchó contra el cruel destino ayudada por la fuerza de su juventud, para no dejarse abatir por la muerte.

En la madrugada del 30 de Enero de 1872, se produjo el esperado desenlace. Felicitas murió en su quinta de Barracas.

Los diarios reflejaron en sus portadas el hecho como uno de los acontecimientos más inesperados y desgarradores de la época y parecía una burla del destino que víctima y victimario ingresaran en el mismo cementerio. La muerte había unido lo que la vida no había podido lograr y aunque unos metros de tierra los separan, se encuentran en el mismo lugar.

La fortuna que había pertenecido a Felicitas por ser la viuda de Martín de Álzaga, fue heredada por su familia debido a la falta de descendientes de la pareja.

Para recordarla eternamente su familia decidió levantarle una capilla, en el terreno donde se encontraba la quinta.

Su cuerpo se encuentra descansando con el de Don Martín en el sepulcro de la familia. Cuatro figuras en sus extremos y dos leones en la entrada custodian a los esposos y resguardan la paz del lugar.

6.

Agustina Andrade "Una triste historia de Amor"

Esta pequeña historia nos resume la vida de Agustina Andrade, hija del escritor Olegario Andrade y doña Eloisa González.

Agustina había heredado el don artístico, igual que su padre poseía un alma sensible que le permitía ver el brillo centellante del agua del río a orillas del cual había vivido. Se maravillaba con el color de las flores que adornaban la rivera, percibía los aromas que el viento traía y gozaba escuchando los trinos de los pájaros que acudían abrevar el agua de ese río confidente y amigo.

Supo plasmar en las hojas de su libro en forma de sonetos la dulzura de la naturaleza que la embriagaba.

Con el tiempo conoció a Ramón Lista, un viajero recién llegado del viejo continente y explorador experimentado, que pudo ver la pureza del alma de esa niña.

En las reuniones Don Ramón gustaba de contar sus andanzas y Agustina quedaba deslumbrada por ese admirable hombre. Fue así como aconteció la boda mientras se acrecentaba la popularidad del Señor Lista. Cuando se desempeñaba como funcionario del ministerio de Marina y Guerra, Agustina iba abandonando sus dotes de artista. Ya no escribía, no recitaba en las reuniones como solía hacer, sino que se dedicaba a sus hijas además de esperar la vuelta de su esposo de algún viaje, para volver a partir de nuevo. Así, Ramón Lista fue el fundador del Instituto Geográfico Argentino y ella siguió esperando.

Fue entonces que algo se quebró entre ellos en el viaje al sur de la República Argentina, en el que Agustina acompañó a su esposo. Como la relación no estaba en su mejor momento, retornó a Buenos Aires y él permaneció en el sur.

Ya instalada nuevamente en la ciudad, dejó que su madre poco a poco se ocupara de las niñas y su corazón herido busco refugio en la soledad de su aposento. Prontamente se fue ensimismando, soñando con ese río y esos parajes donde su ingenua imaginación construyó un mundo sin engaños y sin mentiras. Comenzó a no encontrar un sentido a su vida y agotadas sus lágrimas pasaba cada vez más tiempo en su oscura habitación. Un día de verano, cuando el sol brillaba con fuerza, mientras escuchaba el trajinar de su madre en la cocina y las risas de las niñas que jugaban en el patio; sentada en su cama, en la cual dormía sola, y abstraída en la sin razón se levantó lentamente como una autómata, caminó hasta la cómoda y abriendo el cajón tomó un arma de fuego.

Retrocedió inmediatamente sobre sus pasos y volvió a sentarse en esa cama perfectamente tendida con un cubrecama blanco inmaculado. Su mano sostuvo el arma mientras escuchaba el murmullo que provenía del patio. Al apuntar sobre su pecho, de sus ojos brotaron las últimas lágrimas que no llegaron a recorrer su rostro cuando el estallido sonó fuertemente, y el silencio se apoderó de la casa. Su pecho se tiño de sangre que se escurrió como su vida. No fue la bala la que quebró su corazón sino el desamor, la indiferencia.

Este lamentable hecho ocurrió el 10 de Febrero de 1891 cuando tenía treinta años de edad.

El sepulcro pertenece a la familia Olegario V. Andrade. Muestra en su aspecto el deterioro de los años con su revoque descascarado y el ingreso a la misma es por la única puerta de hierro forjado. Una placa recuerda al genial e ilustre poeta que fue su padre.

Categoría: Monumento   Histórico   Nacional   en reconocimiento de su progenitor el Señor Olegario Andrade.

Mujeres

1-   Autodidacta.

2-   De Polonia a Buenos Aires.

3-   Genio y Figura.

4-   La pequeña.

5-   Una de las primeras médicas del país.

6-   Una rebelde Virreynal.

7-   Victoria.

1.

Mariette Lydis "Autodidacta"

Nació en Viena el 24 de Agosto de 1887 y falleció en la ciudad de Buenos Aires en 1970. Provenía de una familia de origen griego. Estaba casada con el conde Giuseppe Govone.

Su naturaleza de artista, la transformó en una importante grabadora, litógrafa y pintora. Poseía un estilo muy particular. Alcanzó el éxito en la ciudad de Paris y continuó sus viajes por distintos países de Europa y los Estados Unidos.

En 1940 llegó a Buenos Aires y fue deslumbrada por esta ciudad donde permaneció hasta el fin de sus días. Nunca abandonó sus frecuentes viajes a Francia, Italia y Londres donde exponía sus obras. El British Museum, El Louvre, la galeria degli Ufizzi, la galeria Albertina, el museo de Arte Moderno de New York, todos los museos reconocidos del mundo poseen obras de su propiedad.

Esta gran artista eligió a nuestro país como depositario de una parte de su vasta obra, puesto que en 1969 donó a la municipalidad de Buenos Aires veinte dibujos ilustrados, treinta y cinco óleos y también objetos personales muy preciados para ella. No cabe duda el amor que sentía por éste país.

En el atardecer del 26 de Abril de 1970 dejó de existir como otras notorias personalidades, que hoy duermen el sueño eterno bajo el cielo de esta Buenos Aires que supo acoger a todo aquel que quisiera hacer suyo nuestro suelo.

Su cuerpo descansa en los nichos ubicados en la margen izquierda del cementerio que da hacia la calle Vicente López.

2.

Emma Nicolay de Caprile "De Polonia a Buenos Aires"

Al continuar el recorrido, no podemos pasar por alto la perfección de la obra realizada en mármol blanco por el escultor Lucio Correa Morales. Ésta figura femenina que simboliza el amor por la docencia, pertenece a la primera directora de la Escuela Normal de Maestras N° 1.

La señora Emma fue una incansable luchadora en pos de la enseñanza. Nunca bajó los brazos y continuó fiel a sus principios hasta que en el año 1884 una enfermedad la obligó a alejarse del establecimiento educativo.

Esa lucha no fue ganada y el 30 de Julio de 1884 falleció en Buenos Aires, Emma Nicolay de Caprile.

Fue sorprendente la cantidad de personas que se reunieron espontáneamente en el cementerio para despedir sus restos. Debido a lo descripto, no podía dejar de rendirle un pequeño homenaje a ésta educadora que decidió dejar su Polonia natal, para vivir y terminar sus días en nuestro país.

Categoría: Monumento Histórico Nacional.

3.

Encarnación Ezcurra "Genio y Figura"

Nació el 25 de Marzo de 1795. Se enamoró de Juan Manuel de Rosas, un hombre apuesto, elegante, de cabellos castaño claro y penetrantes ojos, que contrastaba con Encarnación que poseía rasgos duros como su personalidad. De ojos negros, labios rojos y cabellos renegridos y brillantes.

Juntos idearon un estado de gravidez para poder casarse y ella con sus dieciocho años rápidamente ocupó el lugar de asesora. Juan Manuel encontró en ella su mejor colaboradora siendo ésta el eje central de la Revolución Restauradora. Ama y señora, recibía en su casa la visita de negros y gente de escasos recursos que se sentían relegados ante tal diferencia. Doña Encarnación siempre asistía a las fiestas de los mulatos, obteniendo a cambio un servicio de espionaje que ella usaba para la causa federal de su marido, ya que éstos servían en la casa de los unitarios y toda información obtenida era valedera para su objetivo.

Hasta ese momento las mujeres no actuaban en política, pero el poder de ésta dama era ilimitado. Su inclinación hacia los problemas de los pobres le valió el desprecio de los federales que pertenecían a la aristocracia. Jamás se amedrentó y por eso se la llamó "La heroína de la Federación". Ese trabajo social que venía realizando poco a poco dio sus frutos y cuando convocó al sector relegado por la sociedad para que tomen la ciudad, éstos le respondieron afirmativamente y así Juan Ramón Balcarce debió apartarse de su cargo.

Ésta increíble mujer, creadora de la mazorca, dedicó veinte años a la causa hasta que fue proscripta obligándola a alejarse de la política. La etapa de decadencia de su figura la llevó a la marginalidad y luego sobrevino su enfermedad. Hasta ese entonces todo lo había hecho para su único amor Juan Manuel de Rosas. Ella lo amaba y haría lo imposible por complacerlo.

A nada le tuvo miedo durante su vida y nada la hizo flaquear siendo implacable con sus enemigos. Su desilusión fue cuando su Juan Manuel no impidió su proscripción provocando en ella una profunda tristeza que agravó su mal.

El 20 de Octubre de 1838 a las once de la mañana fallecía en su casa.

Se la sepultó en la bóveda de la familia de Juan Nepomuceno Terrero en el cementerio del Norte. Ochenta años después de su muerte cuando se disponían a reducirla a cenizas, Monseñor Marcos Escurra contó asombrado en la edición de Buenos Aires nos cuenta N.13. (1)

-"Está como dormida con su ropaje de muerta, con que la vistieron hace un siglo, a las 11 de la mañana, cuando murió en su vieja casona de Alsina. Hace veinte años, el día que se cumplían 80 años de su muerte, apareció ante mis ojos tal cual se había tendido a morir. Acudí a la ceremonia del traslado de sus restos desde la bóveda de los Terrero a la de los Ortiz de Rosas. Cuando abrieron el ataúd, nos envolvió el asombro. Estaba intacta, el rostro pálido, los cabellos brillantes que amó Don Juan Manuel, los labios sonrientes y en sus manos los jazmines que puso Rosas sobre el hábito blanco de los dominicos. No estaba muerta. Simplemente dormía".

Genio y figura hasta la sepultura. Ochenta años después, la muerte no había podido destruir su cuerpo como enemigo alguno había podido destruir su fortaleza

Sus cenizas fueron depositadas en una urna que se encuentra en la bóveda de los Ortiz de Rosas. Revestida en granito se permite el acceso por una de sus puertas. Varias coronas en su pared exterior recuerdan la figura de los esposos.

Dentro del Sepulcro también se encuentran los restos de Juan Manuel de Rosas, que fueron repatriados el 1 de Octubre de 1989 y recibidos con honores oficiales.

4.

Regina Pacini "La pequeña"

Nació en Portugal en 1871 y debutó como soprano en la misma ciudad a los diecisiete años. Su carrera brillante la hizo conocida en todas partes del mundo. Recorrió las mejoras salas de los teatros líricos del mundo y en 1899 mientras actuaba en Buenos Aires conoció al doctor Marcelo Torcuato de Alvear con el que se casaría el veintinueve de Abril de 1907 en la ciudad de Lisboa.

En 1922 dejó su exitosa carrera para acompañar a su esposo en la carrera política y así fue como se transformó en una de las primeras señoras extranjeras que ocupó el cargo de primera dama de la Nación Argentina. Se puso a la altura de la circunstancias como tal a pesar de su procedencia artística que en esos momentos la sociedad le criticaba. Cabe destacar que el doctor Alvear defendió a su amada no dando lugar a que se cuestione su elección. El carisma y la notoriedad de su carrera hicieron que de a poco fuera aceptada por la aristocracia de la época.

Fue por iniciativa de la Señora Regina que se erigió en 1927 la casa del teatro que lleva su nombre, para albergar a los actores en su vejez. Esta "pequeña" gran mujer, no solo estuvo junto a su esposo en los buenos momentos sino también lo hizo en los exilios a los que se vieron obligados y otras situaciones que padecieron, escoltándolo con gran entereza.

Sus últimos años estuvo recluida en su quinta de Don Torcuato "La Elvira" y la fortuna de la familia se vio disminuida por la honestidad y la participación en la función publica y política.

A raíz de ello vivió modestamente la señora Regina en su ancianidad después de haber vivido lujosamente y haber logrado una cuantiosa fortuna.

El 18 de Septiembre de 1965 murió en "La Elvira" y fue velada en el salón de honor de la casa del teatro e inhumada en el cementerio de la Recoleta, que hoy, es lo que es, gracias a la intervención de unos de los intendentes más progresistas de la ciudad, el doctor Torcuato de Alvear.

Dos grandes personalidades con una historia y una vida en común.

5.

Elvira Rawson "Una de las primeras médicas del país"

Elvira Rawson de Dellepiane nació el 19 de Abril de 1867. Hija de Elizarda Guiñazú y el coronel Juan de Dios Rawson.

Se graduó como maestra en la escuela normal fundada por Domingo Faustino Sarmiento. El camino que había abierto Cecilia Grierson en la Facultad de Medicina fue un ejemplo a seguir por esta gran mujer que hizo oídos sordos a sus familiares que se oponían a su decisión.

Durante la revolución del 26 de Julio de 1890, llena de coraje se ofreció como voluntaria para atender a los heridos junto a otros practicantes. Ingresaban al hospital victimas de los dos bandos que eran rápidamente atendidos sin importar grupo de pertenencia.

Se graduó en 1892 reconociendo el esfuerzo y la osadía de su elección en una sociedad regida por hombres. Sintió en su piel el despotismo varonil, el cual la hizo seguir luchando por los derechos de la mujer que en esos tiempos no los tenía. Fundó y dirigió la primera colonia de niñas débiles de Uspallata, Mendoza. En 1919 fundó la Asociación Pro Derechos de la mujer y la acompañaron importantes mujeres como Alfonsina Storni, Adelia Di Carlo y Emma Day.

Su compañero y esposo fue Don Manuel Dellepiane que la secundó siempre en sus iniciativas.

Gracias a mujeres que ensordecieron sus miedos y llenas de valentía y tenacidad, abrieron la brecha en la cual dejaron sus huellas a las generaciones venideras de mujeres que hoy todavía siguen luchando por su lugar en esta sociedad.

El 4 de Junio de 1954 falleció en Buenos Aires esta infatigable mujer.

6.

Mariquita Sánchez de Mendeville "Una rebelde Virreynal"

En 1786 nació María de Todos los Santos Sánchez de Velasco y Trillo, hija de Cecilio Sánchez de Velasco y Magdalena Trillo, era una beba pequeña pero vigorosa. Tan grande fue la alegría de recibir a su primogénito, que su padre plantó en su honor un naranjo que la cobijaría bajo su sombra durante las tardes de verano.

Por fin Sánchez de Velasco tendría una heredera para su cuantiosa fortuna.

Fue educada en la rigidez de una sociedad porteña virreynal. Se instruyó en arte, idiomas, modales, como toda niña de clase social alta. A los 14 años, al entrar en la adolescencia las señoritas eran entregadas en matrimonio a algún señor que los padres creyeran conveniente. En este caso el elegido fue el capitán Diego del Arco, mucho mayor que ella y viudo. Sin tener conocimiento sus padres, Mariquita, había conocido en casa de unos tíos lejanos a su primo segundo Martín Thompson. Era primer marino criollo egresado de la Real Academia Naval Española. Había nacido el 23 de Abril de 1777. Ambos se conocieron y se enamoraron a primera vista; se prometieron amor eterno y hoy están en estas páginas, como seguirán estando en otras, debido a la tenacidad con que defendieron ese amor.

Los padres de Mariquita le comunicaron la decisión que en esos tiempos era irrevocable, su casamiento sería con el Señor Del Arco.

La niña ya mostraba un carácter fuerte y se opuso a la decisión continuando sus encuentros con Martín. Al enterarse de semejante osadía Don Cecilio por intermedio del Virrey del Pino hizo trasladar a Martín a Colonia del Sacramento, pero, un río no pudo evitar que él volviera a ver a su amada. Al enterarse su padre de dichos encuentros adelantó el casamiento, asimismo Mariquita escribió a Martín de ese acontecimiento y éste pidió al Virrey que intercediera. Fue así como un oficial real irrumpió en la casa de los Sánchez Velasco, cuando personas relevantes de la sociedad porteña estaban reunidas para celebrar la fiesta de esponsales de Don Diego del Arco y Mariquita. Una exclamación de sorpresa se dibujo en los rostros de los presentes cuando el oficial exhibió una cédula para pedir el consentimiento de la pareja. Ante la mirada atónita de los concurrentes Mariquita expresó la obligación a la que estaba sometida por sus padres sin su consentimiento. El oficial anuló la ceremonia y el capitán huyó a raíz de la humillación de la que había sido victima. El murmullo de los invitados invadió la sala y la terrible desobediencia de Mariquita avergonzó a sus padres. No tardó en reponerse y reaccionar Don Cecilio, que la llevó a la casa de ejercicios espirituales que se encuentra actualmente en la esquina de Independencia y Salta, y dentro de una celda se puede leer una placa que dice: "Aquí estuvo recluida Mariquita Sánchez por desobediencia a sus padres".

A raíz de los acontecimientos hizo que Martín fuera trasladado a Cádiz donde estuvo hasta 1804. Para entonces el señor Sánchez ya había fallecido, pero su madre seguía intransigente y sin dar su aprobación para el casamiento.

Mariquita con gran firmeza luchaba para hacer valer sus derechos y la revalorización del amor por encima de los intereses familiares. Martín lucho con su pluma y expuso sus razones ante el nuevo Virrey Sobremonte. El juicio de disenso fue arduo, pero finalmente el 29 de Junio de 1805 Martín y Mariquita se casaron, sin autorización de doña Magdalena pero sí con la aprobación del Virrey que tenía las facultades para hacerlo.

A pesar de la desavenencia, la pareja fue a vivir con doña Magdalena. La casa era de exquisita ornamentación, contaba con muebles de caoba, arañas de plata, cortinas de brocato amarillo, porcelanas, relojes mecánicos, una fuente de agua permanente, cristales, todo de gusto europeo. Fue la primera casa que contó con chimenea en la ciudad de Buenos Aires. El salón, casi mítico, era tan espacioso que podía albergar 60 parejas bailando. Poseía además un arpa, clavicordio, un laúd y asombrosos espejos venecianos.

Misia Mariquita, como la apodaron, pasó de ser la reina del amor a la gran anfitriona y junto a su marido gustaban de recibir en su salón a lo más excelso de la sociedad. Era un foro de cultura y elegancia donde grandes personajes se daban cita como Belgrano, Cayetano Rodríguez, Larrea, Azcuénaga, la familia Escalada, Lopez y Planes, Blas Parera, San Martín, Sáenz Valiente, Carmen Quintanilla.

El matrimonio Thompson participó activamente en la defensa ante las invasiones inglesas y lucharon contra cualquier dominación extranjera.

Corría el año 1816 cuando Thompson tuvo que viajar a los Estados Unidos en una misión, dejando a su querida Mariquita con sus cinco hijos, con la salvedad que pronto los vería. Inesperadamente cayó sobre la familia la fatalidad. Martín Jacobo Thompson abandonado por el gobierno que había ayudado a organizar, se encontraba en los Estados Unidos enfermo, solo y lejos de su gran compañera de aventuras patrióticas, políticas y vivenciales.

Él embarcó hacia Buenos Aires y misia Mariquita le giró un dinero para que a Martín no le faltara nada en su travesía, pero llegando a Montevideo murió el 23 de Octubre de 1817 y su cuerpo fue arrojado al Río. El agua lo había traído hacia ella y el agua se lo había llevado para siempre, sin dejarle el consuelo de tener una tumba donde llorarlo. Un largo luto precedió a la noticia cerrando así su legendario salón.

Después de algunos años, en 1820, Mariquita se casó con Juan Bautista Washington de Mendeville, Cónsul francés en el Río de La Plata. El salón volvió abrir sus puertas y el señor y la señora de Mendeville recibían nuevamente lo más selecto de la sociedad. En su ancianidad, Mariquita recordaría esa parte de su vida como años de llanto dejando entrever en sus escritos a su último marido como un caza fortunas. A su parecer, infelicidad y dos hijos fue lo que le dejó quince años de matrimonio.

En horas del anochecer en su habitación dejaba de existir el 23 de Octubre de 1868 cuando le faltaban ocho días para cumplir sus ochenta y tres años. Sus últimas horas las pasó en compañía de sus hijos, nietos y bisnietos. Su naranjo, único y fiel testigo de su efusiva vida quedaba solo y mostrando el paso del tiempo en la decrepitud de su tronco.

Al Día siguiente un cortejo fúnebre acompañaba sus restos a la bóveda de la familia Lezica en el cementerio del Norte. Fue recibido por la Sociedad de Beneficencia que ella durante muchos años presidió.

Posteriormente fue trasladada al sepulcro familiar que esta realizado en mármol blanco sencillo con algunas ornamentaciones y una cruz latina en la cabecera. Las antorchas talladas en el mármol con la llama hacia abajo representan la extinción de la vida.

Es grande el mérito de esta dama argentina, ya que fue extensa su participación en política, asesora de estadistas y amiga de muchas personalidades que hicieron a la cultura. Fue tanto su aporte que se resume en el accionar de una mujer que nadie puede dejar de admirar.

Categoría: Monumento Histórico Nacional.

7.

Victoria Ramona Rufina Ocampo "Victoria"

Victoria Ocampo nació el 7 de Abril de 1890. De pura cepa aristocrática, fue educada con una moral victoriana. Desde pequeña sintió la diferencia de haber nacido mujer en un mundo gobernado por hombres, por eso, sus ideales fueron dirigidos a la clase femenina para que ocupe un rol y tenga una posición dentro de la sociedad machista de la época.

Vivió en Francia aproximadamente un año y el francés fue su segundo idioma. Junto a sus cinco hermanas, disfrutó su infancia de niña rica donde todo era lujo y viajes por el mundo.

Entrada la adolescencia sus aspiraciones se vieron limitas por su condición de mujer. Quiso ser actriz y no le permitieron, las niñas bien no pertenecían a la farándula, ese ambiente era de casquivanas, mujeres fáciles. Su frustración produjo un vuelco total a la lectura y a la escritura, esa pasión que desde su infancia venía desarrollándose. Su rebeldía ante lo "normal" de la época, hizo que se sintiera atraída por acciones y valores que estaban "prohibidos" en ese tiempo. En una de sus estadías en la ciudad de Paris, su madre encontró a la adolescente compenetrada en un libro de Oscar Wilde lo que produjo su enojo, ya que las jóvenes no leían, solo se dedicaban a tareas manuales.

Fue una etapa muy dura para Victoria donde acentuó su conflicto con la iglesia, que perduraría toda su vida.

A los 22 años limitada por el régimen patriarcal, decidió casarse con Mónaco Estrada, hombre culto, inteligente y muy bien parecido.

En 1912 aconteció la boda creyendo que sería libre, pero el señor Estrada, conservador y moralista, rompió con sus sueños de libertad y ella se dio cuenta que solo había cambiado de yugo. A los dos años, su carácter independiente, provocó la separación de los esposos aunque vivían bajo el mismo techo. Después de ocho años, cansada de tanta hipocresía decidió irse a vivir sola.

Un año mas tarde conoció en la ciudad de Roma a Julián Martínez, pariente de su ex esposo. Era aristocrático, frecuentaba las reuniones más importantes de la época, compartía su manera de pensar con respecto del rol de la mujer, tantas cosas en común los unía. Su relación duró trece años.

En sus reiterados viajes a Europa conoció muchas personalidades. En Paris Paul Valéry, Pierre Drieu La Rochelle y en Londres a Bernard Shaw, Huber Wells, lady Astor. Al regresar continuó viajando por Estados Unidos y América Latina.

En 1931 fundó la Revista "Sur". Colaboraron personalidades del extranjero y escritores nacionales de la importancia de Jorge Luis Borges. Comenzó con una tirada trimestral y al cabo de cuatro años, después de una inactividad de un año, pasó a ser mensual.

En la Argentina surgía una época nacionalista lo que confrontaba con las diversas ideologías reunidas en ella. La sociedad de beneficencia intercedió ante la curia para que la declare persona no grata. Fundó la Unión de Mujeres Argentinas y fue acusada de propiciar la proliferación de madres solteras, de todas maneras U.M.A. (Unión de Mujeres Argentinas) se encargó de la difusión en todo el país de los derechos de la mujer.

Cuando en 1946 la señora Eva Duarte de Perón consigue que se promulgue la ley del sufragio femenino, Victoria Ocampo no pudo disimular su enojo por considerarlo un hecho político para beneficiar al entonces actual presidente Juan Domingo Perón, siendo que ella junto a un grupo de mujeres sufragistas venían bregando para conseguir ese derecho.

La Señora victoria siempre demostró su orgullo de ser mujer, por eso no se conformó con una vida frívola y ostentosa, lucho por sus principios e ideales. En su literatura documentó la época que le toco vivir como también la clase social a la que pertenecía, asimismo dedicó casi cuarenta años a elaborar textos sobre Virginia Woolf.

Al comenzar a escribir su autobiografía de edición póstuma padeció varios allanamientos en sus casas y en las oficinas de la revista. Con la llegada de la década del setenta finalizó sus publicaciones y sintió que una parte de su vida se acababa.

El 27 de Enero de 1979 moría en su casa Victoria Ocampo y con ella se iba una etapa importante de la literatura Argentina, solo quedaban sus libros, testamento fiel de su paso por la vida.

Sus restos fueron inhumados en el sepulcro de la familia en el cementerio de la Recoleta. De modestas características, está realizado en piedra, y rodeado por una serie de cadenas unidas unas a otras por pequeños pilones del mismo material. Entre 2 pilones más grandes del mismo material con una cruz labrada en cada uno se puede leer "1810 – Manuel Ocampo –

1895". La entrada al sepulcro es por la puerta ubicada a su derecha.

Las palabras de Jorge Luis Borges refiriéndose a ella resumen a esta singular mujer; -"En un país y en una época donde las mujeres eran genéricas, Victoria Ocampo, tuvo el valor de ser un individuo". (sic)

Parece mentira que dos personalidades tan opuestas y a la vez tan parecidas hoy están bajo la misma porción de cielo y compartiendo "la misma tierra", solo unos metros separan sus bóvedas. Nos referimos a Eva Duarte de Perón y Victoria Ocampo.

Su villa de Mar del Plata y San Isidro fueron legadas como patrimonio cultural de los argentinos.

Anécdotas y Narraciones

1.

Isidoro Suárez y José Valentín de Olavarria
"Amigos Inseparables"

AMISTAD: Afecto, cariño. Este es uno de los significados de ésta PALABRA CON LETRAS MAYÚSCULAS. El sentimiento entre dos o más personas en la vida terrenal puede ser tan fuerte que, como en esta historia, llegó a ser inmortal.

El Teniente General Isidoro Suárez era el abuelo de Leonor Acevedo de Borges, finada madre del escritor Jorge Luis Borges. Su vida militar fue adquiriendo prestigio a raíz de los ascensos que acontecían con las victorias obtenidas o las acciones cumplidas.

Al volver a Buenos Aires después de participar activamente en la guerra contra el Brasil, tuvo que exiliarse a la ciudad de Montevideo. Sus ideas contrarias a las del régimen de Juan Manuel de Rosas, lo obligaron a partir hacia el país vecino dejando en Buenos Aires sus afectos, sin certeza de volverlos a ver.

Fue conocida su amistad con el Coronel Mariano Necochea y José Valentín De Olavarría. Los tres eran inseparables y en cada lugar que coincidían rememoraban anécdotas, hazañas, tristezas y alegrías que habían sido parte de sus vidas.

Como los años no pasan en vano, comenzaron las ausencias y los desencuentros. El Coronel Necochea Falleció en Lima, Perú y su cuerpo fue inhumado en esa ciudad. En 1845 sucumbió el Coronel de Olavarría y un año después el General Suárez a los cuarenta y siete años de edad.

Estos dos últimos fueron enterrados uno al lado del otro en un cementerio de Montevideo. Treinta y tres años después cuando se realizó la repatriación de los despojos de Isidoro Suárez, algo sucedió. Fue muy difícil la tarea de identificarlo, y diferenciarlo de su "amigo" el coronel De Olavarría. Debido a ello una gran urna contiene los restos de ambos con los nombres Suárez y Olavaria entrelazados.

La bóveda pertenece a Álvaro Melian Lafinur (1889-1958), destacado hombre de letras y redactor del diario "La Nación".

La señora Leonor Acevedo de Borges (1876-1975), también descansa en este sepulcro.

Categoría: Monumento Histórico Nacional.

2.

Adolfo Alsina "Cuarenta años y un litigio"

Nacido el 14 de Enero de 1829, se desempeñó como gobernador de la provincia de Buenos Aires y vicepresidente de la nación durante la gestión de Sarmiento. Fue un incansable luchador de sus ideales. Murió de una grave enfermedad el 29 de Diciembre de 1877.

En 1911, algunos años después de su muerte, se formó una comisión para erigirle un monumento en el cementerio de la Recoleta. Toda la obra contaba con el apoyo del gobierno nacional y provincial.

La junta determinó que los artistas que se postulasen para la creación del monumento, debían cumplir con ciertas pautas establecidas. Estas incluían medidas de la obra, costo de la misma, el plazo para la construcción, todo estaba prolijamente redactado para evitar problemas futuros. Los artistas tuvieron cuatro meses para presentar sus proyectos.

Después de varios encuentros y deliberaciones de la junta, se llegó a la conclusión que la maqueta ganadora era de la artista Margarita Bonnet. A partir de ese momento la escultora sería la responsable de ejecutar el monumento.

Pasaron unos meses e inesperadamente un joven llamado Alejo Joris afirmó que la maqueta era de su autoría. Este señor llevó a la justicia el caso y la corte decidió que la mitad de los honorarios de la artista Bonnet le correspondían al autor de la obra.

La junta desconcertada por lo sucedido le encomendó a la artista la presentación de una nueva maqueta en un tiempo considerado.

Parte del jurado se presentó con anterioridad en el taller para examinar el nuevo proyecto, pero ante el asombro de todos, distaba mucho de lo que había sido el modelo premiado. La nueva maqueta era tal desastre que ponía en duda la capacidad de la señora Bonnet. Otra oportunidad se le concedió. El tiempo que le fue confiado solo sirvió para que contratara un escultor que llevara a cabo lo que ella no pudo realizar.

Varias oportunidades más demostraron la ineptitud de la Señora Margarita Bonnet.

Pasaron los años y otros artistas fueron convocados hasta que la obra fue encomendada al escultor argentino Ernesto Durigón. El pase al mármol estuvo a cargo del escultor Fernando del Panta.

Finalmente se había logrado la ejecución del proyecto. El monumento se inauguró cuarenta años después del fallecimiento del doctor Adolfo Alsina.

Cuando parecía que todo había llegado a su fin, la Señora Bonnet se presentó en el cementerio y talló su firma en el mármol adjudicándose la obra.

Actualmente la firma da testimonio de la inescrupulosidad de esta señora.

Categoría: Monumento Histórico Nacional.

3.

El anfitrión de La Recoleta

No todos los personajes del cementerio están muertos. Está Don Juan Carlos Viera, el cuidador más antiguo, el que sabe como nadie las historias de esta gran urbe que es un testimonio mudo de vidas pasadas. Si recorren diariamente el lugar pueden encontrarse con guías turísticos que son habitué, pero hay uno que nos contó sabrosas historias. El señor de estatura mediana, cabello rubio, delgado y penetrantes ojos azules, tuvo la amabilidad de contarnos anécdotas y mostrarnos bóvedas interesantes. Al hablar demostraba una vasta cultura y más allá del consabido discurso de todo guía, dejaba ver su apasionamiento por esa querida necrópolis. Conocido por todos los cuidadores, saludaba mientras que con pasos cortos pero veloces nos llevaba de un lugar a otro y generosamente nos brindó en rato de su valioso tiempo.

Abrigado con su sobretodo gris y con su maletín negro parecía más un profesor que un simple admirador del lugar como él solía decir. En esa tarde de invierno en la ciudad de Buenos Aires, mientras muchos turistas deambulaban alrededor nuestro, este señor, parecía un anfitrión que nos mostraba orgullosamente su casa, así fue que pasadas las 18 horas nos acompañó hasta la salida, se despidió de nosotros muy amablemente y volvió a entrar mientras se cerraban las puertas hasta el día siguiente.

Volvimos muchas veces al cementerio pero desdichadamente nunca más lo encontramos.

Si llega a leer este libro seguramente se va a reconocer en esta página en la cual le decimos, GRACIAS Señor Carlos Baldóni.

4.

El Cristo Redentor

De la entrada nos dirigimos por la calle central hasta la pequeña rotonda, donde vamos a encontrar la obra realizada por el escultor Pedro Zonza Briano(1886-1941), llamada "El cristo Redentor".

Su estilo de líneas modernas nos muestra una figura con cara angulosa, cabellera larga, manos lánguidas y una túnica que cubre la totalidad de su cuerpo dejando solo el hombro izquierdo descubierto. Esta imagen de frío y verdoso bronce ocasiona un desconcierto ante la persona que la contempla.

El artista quiso representar la figura de un cristo resucitado como expresión de fé en la vida eterna. Su ubicación central es sumamente importante debido al renombre del escultor, apodado el "Rodin Argentino".

Antiguamente un toque de misterio envolvía a esta figura. Hace aproximadamente ochenta y cinco años cuando la escultura fue colocada, los vecinos de la ciudad convocados por la nueva adquisición del cementerio, se asombraron al notar que de sus pies brotaba agua. Rápidamente el rumor se difundió por toda la ciudad atribuyéndole al cristo un toque milagroso y arcano. Fue tanto el impacto que tuvo este acontecimiento que comenzaron las leyendas.

Algunos personas comentaban que en determinados días de la semana de su rostro emanaban lágrimas y así fue creciendo su popularidad entre la gente. Cuando el aspecto de una persona era funesto, triste y apesadumbrado se lo comparaba con "El cristo de la Recoleta".

Durante algún tiempo continuó esta leyenda hasta que se diversificaron las opiniones entre los que le atribuían un toque místico y los que buscaban una explicación racional.

A través de investigaciones se llegó a la siguiente conclusión: Antes de la creación del cementerio, los frailes recoletos mandaron a construir un pozo de agua para ubicar el aljibe, obra del ingeniero hidráulico James Bevans (1777-1832). De allí extraerían el agua para el riego de su huerta.

Como el cristo fue colocado en el mismo sitio donde se encontraba el pozo, esto explicaría que en determinados períodos, al subir las napas se humedecieran los pies del cristo por lo cual durante mucho tiempo, incluso actualmente, se lo conoce como "El cristo de los pies húmedos".

5.

Pierre Benoit "El Delfín"

Durante el desarrollo de esta historia se puede observar la similitud que hay, en diferentes aspectos, entre el delfín Luis XVII y Pierre Benoit. Por ello se supone que ambos es la misma persona.

Durante sus años de vida en Francia se había desempeñado en el ejercito imperial en la época de Napoleón. Fue arquitecto civil y naval, y además de dominar cinco idiomas poseía un gran nivel cultural.

De pequeño no corrió la misma suerte que su familia, los reyes de Francia, por haber sido suplantado por otro niño en una situación encubierta en la prisión del Temple. Después de la muerte de su padre y transcurrido algunos meses fue separado de su madre provocando una ruptura traumática del vinculo. Ella habría de morir. Debido a la sustitución del niño, apodado el Delfín, prolongó su vida y por ello hoy podemos contar su historia.

Según varias investigaciones que se realizaron años posteriores, se constató que ese niño muerto en la prisión del Temple no era Luis Carlos, ya que su contextura física además de otros estudios histológicos no correspondían a un niño de diez años sino a un adolescente de más de dieciséis.

Basado en el libro publicado por una descendiente de Pierre Benoit, podemos continuar con este paralelismo entre el Señor Benoit y Luis XVII, según ella, Pierre comentó en alguna oportunidad a su hija sobre su verdadera identidad.

Nació el 27 de Julio de 1785 en el Palacio de Versalles. Sus padres fueron Maria Antonieta Josefa Juana de Lorena, archiduquesa de Austria y Reina de Francia y Navarra y Luis XVI. El niño fue bautizado con el nombre de Luis Carlos de Francia y Borbón. Ese día recibió el título de Duque de Normandía.

El 21 de Enero de 1793 es Guillotinado Luis XVI y el Delfín pasó a ser Luis XVII. El 16 de Octubre del mismo año la cabeza de su madre también fue separada del cuerpo.

Meses después el niño fue retirado de la prisión del Temple y devuelto a la misma veinte días más tarde. Por causas del destino ese niño falleció. En ese momento comenzó la controversia si el niño que regresó al claustro era el mismo que unos días antes había egresado de allí.

Pasaron veinte años y Pierre Benoit llegó a Buenos Aires el 1° de Julio de 1818 de su Francia natal. Supuestamente tenía treinta y tres años de edad pero como su identidad, su ficha de nacimiento tampoco era real, lo que dificulta hasta nuestros días saber con exactitud su verdadera edad.

Su vida comenzó a desarrollarse en nuestro país y ya radicado aquí conoció a Josefa de las Mercedes la que sería su esposa el 22 de Julio de 1828. Del matrimonio nacieron dos hijos. Petrona Mercedes y Pedro Benoit.

Pierre se destacó como director del departamento topográfico de Buenos Aires, realizando importantes trabajos de gran envergadura. Fue así como formó su familia en Argentina sin retornar nunca más a su país de origen. Tanta angustia había contenida en él que prohibió la práctica del idioma francés en su hogar.

El 21 de Agosto de 1852 estando en su casa con su familia, una visita inesperada alteró la paz del hogar. Un médico de origen francés se reunió con Pierre en su aposento y después de una cordial conversación le dejó unos medicamentos para que tome y sobrellevara los dolores que le aquejaban debido a su enfermedad. Pierre después de ingerir la medicación nunca más despertó.

Fue muy comentado en esos días la partida del médico en el mismo barco que lo había traído a Buenos Aires. Su permanencia en la ciudad fue solo un par de horas después de haber realizado un viaje agotador desde Europa.

Mientras el vapor zarpaba, el cuerpo de Pierre era inhumado el 22 de Agosto en el Cementerio de la Recoleta en la bóveda que había adquirido Magdalena Hurtado de Mendoza viuda de José Maria de Fonseca, íntimo amigo de Pierre. La Bóveda es de características sencillas está cerrada por una reja que muestra el abandono y el paso del tiempo. Hoy solo se pueden observar pocas palabras de lo que alguna vez fue un epitafio.

Como su vida, su muerte también esta bajo un halo de misterio. Hace cinco años y en horas del atardecer, según versiones extraoficiales, su cuerpo fue exhumado y llevado a los Estados Unidos para ser analizado. Si este accionar fuese verídico debemos suponer que detrás de ese nombre realmente estaba oculto el heredero al trono de Francia, el delfín Luis XVII.

Su hijo permanece sepultado en la Bóveda familia Benoit.

6.

David Alleno "El enterrador que perdura"

A principios de siglo en un barco de inmigrantes cargado de esperanza, llegaba a esta lejana Geografía David y Juan Alleno. Estos hermanos no estaban solamente unidos por el apellido sino que también por el trabajo. Ambos tenían empleo en el cementerio.

Juan era el encargado de la manutención edilicia mientras que David se ocupaba del mantenimiento de las bóvedas y sepulcros. Así pasaron veintinueve años. Toda una vida de privaciones y sacrificios era el lema de David para poder concretar su objetivo; comprarse una parcela en este lugar y poder descansar aquí eternamente.

En una de sus estancias en Italia había quedado maravillado de las obras vistas en el cementerio de Génova y por eso decidió encargar una escultura para ornamentar su bóveda al escultor italiano A. Canesa.

El día que arribó su obra a Buenos Aires no podía ocultar su felicidad por haber concretado su objetivo que tantos años le había costado.

Algunas veces podemos escuchar a los guías repitiendo la leyenda de su supuesto suicidio, con el fin de ocupar su nueva morada. ¿Será Cierto?. O tal vez vio cumplido su ideal y sin meta alguna decidió fenecer. Solo él sabe cual fue la verdad.

Hoy lo podemos ver representado con su camisa, sombrero, pañuelo al cuello y sus elementos de trabajo: pala, balde, regadera, escoba, y el llavero que le brindaba la jerarquía de la que este gozaba.

María Isabel Waleski "La nieta de Napoleón"

Desde tiempos históricos la afluencia de buques, de distintas partes del mundo, al puerto de Buenos Aires fue importante. Todos los años arribaban personas de diversas nacionalidades, pero el 9 de Mayo de 1847 a las tres y media de la tarde atracaba el barco que traía en misión diplomática al conde Alejandro Waleski, hijo natural de Napoleón Bonaparte y ministro extraordinario de su majestad el Rey de Francia. Escoltándolo su esposa la condesa Bentivoglio de Waleski y una gran comitiva.

Los condes fueron recibidos con gran pompa y alojados en una casa arrendada y engalanada especialmente para ellos.

A los cinco días de estadía en nuestro país, su esposa que se encontraba en un avanzado estado de gravidez, con fuertes dolores y contracciones dio a luz a una niña que apodaron María Isabel. Sentían tanta felicidad que los ayudaba a olvidar los serios problemas de salud que padecía la pequeña. La gravedad de la niña requirió el constante cuidado por parte de sus padres y los médicos que la examinaban permanentemente.

Ese estado de júbilo se convirtió en desencanto el 2 de Julio de 1847, día que falleció la pequeña. Los médicos no pudieron salvar esa vida que se esfumó súbitamente.

Apesadumbrados y abatidos, los condes continuaron su misión hasta que regresaron a Francia sin ese ángel que días atrás habían sepultado en el cementerio de la Recoleta. No podían partir sin despedirse de esa niña que tanto habían esperado y tan poco habían disfrutado, ese querubín que había emigrado de esta tierra sin poderles brindar todo el amor que traía consigo.

El tiempo pasó y cuando en 1881 el intendente interino Don Torcuato de Alvear ordenó la remodelación del cementerio, se buscó intensamente ese pequeño ataúd, pero sin éxito alguno quedó perdido en la tierra en que fue sepultado.

Seguramente su alma ronda la necrópolis buscando esos padres que casi sin conocer la recordaron a través de los años.

En una época se rumoreaba que el féretro se encontraba en la tumba de Mariquita Sánchez de Mendeville, pero sin certeza de ello, continúa el misterio.

8.

Los cuatro amigos

El cenotafio se eleva único e inconfundible ante los desniveles que forman las bóvedas que lo rodean, una columna triangular y en cada cara la representación de sus homenajeados, solo que este caso debería ser un rectángulo. En cada lado del triangulo hay un óvalo con el retrato de cada uno de los amigos y la actividad a la que se dedicaba.

El retrato de Benigno Baldomero Lugones tiene plegado un diario, representando el cual plasmaba sus notas; "La Nación". Debido a su inclinación por las artes, Adolfo Mitre representado por una lira y Alberto Navarro Viola, un libro que demuestra su condición de letrado.

Igual que los mosqueteros de Alejandro Dumas, eran cuatro y no tres como se creía; así eran estos "amigos", palabra que no tiene sinónimo que la reemplace por su connotación.

Cuando contaban con veinte años de edad estos compañeros pasaban las noches debatiendo y compartiendo sus vivencias en la casa de Oscar Knoblauch, el cuarto mosquetero. Jóvenes promesas de una generación culta y apasionada por nobles ideales, pero un día sin más ni más, la casa de Knoblauch cerró sus puertas a las tertulias mostrando en su entrada un crespón negro. El joven Oscar había decidido poner fin a su vida y sus camaradas no concebían tal premura para dejar esta tierra teniendo tantos años por vivir.

Con doliente amargura y consternación siguieron estudiando y destacándose en cada emprendimiento que acometían.

Adolfito Mitre, sexto hijo de doña Delfina Vedia y Bartolomé Mitre, a los veintiún años era doctor en jurisprudencia y junto a Navarro Viola escribió apuntes sobre derecho internacional privado. Al mismo tiempo, de su alma afloraba el artista y brotaban de allí encantadores sonetos. Un día de Octubre de 1884, precisamente el 21, temblaba la pluma en la mano de Alberto Navarro Viola al redactar la necrológica de Adolfo que había dejado el mundo terrenal luego de padecer una enfermedad. Lejos estaba Baldomero Lugones para apoyar a su amigo y acompañar los restos de su casi hermano, al cementerio donde fueron inhumados.

Cuando todavía se lloraba esta pérdida y solo habiendo transcurrido ocho días, en la ciudad de París, moría Benigno Baldomero Lugones el 29 de Octubre del mismo año. Había nacido en Buenos Aires el 13 de Febrero de 1857, hijo del coronel Baldomero Lugones y de Doña Adela Dorrego. Su familia no era tan poderosa económicamente ni tan ilustre, a raíz de su origen humilde dejó sus estudios para mantener con su trabajo a su madre y su hermana. En este caso su talento pudo más que su carencia y lo colocó junto a los jóvenes más prominentes.

La vida lo había dotado de ideales nobles y gran sabiduría, por ello, el diario "La Nación" lo había enviado a Europa como corresponsal.

Atónito con la noticia, Alberto vio como sus dos amigos fueron arrebatados por la muerte casi simultáneamente. Cuando pudo salir de su perplejidad pero no de su dolor, formó una comisión presidida por Emilio Mitre y demás compañeros para trasladar los restos desde la ciudad luz hasta Buenos Aires. El 1 de Marzo de 1885 atracó el vapor "Pampa" en el muelle de Las Catalinas y todos sus camaradas aguardaban la vuelta a su tierra de este joven de apenas veintisiete años de edad. Todos juntos escoltaron el féretro hasta el sencillo y recatado nicho ubicado en el cementerio del Norte, donado por la Intendencia Municipal.

Habían pasado cinco meses de aquella espera de los despojos de su amigo, cuando el 3 de Octubre de ese año la muerte lo sorprende al joven Alberto Navarro Viola.

En sus cortos veintiocho años este muchacho tuvo grandes logros. Fue doctor en Jurisprudencia, secretario del entonces presidente de la Nación Julio Argentino Roca, pero su obra máxima fue el Anuario Bibliográfico de la República Argentina que concluyó su hermano Enrique junto a otros jóvenes.

Conocidos, amigos y compañeros volvieron a reunirse para erigir un monumento que inmortalizara la memoria de los tres amigos. Así se llegó a la construcción del cenotafio. El mismo se debería llamar "Monumento a la Amistad", no solo por los que están representados sino también por todos los que hicieron posible esta maravillosa obra que aún perdura.

9.

Catalina Dogan "Palabra de Honor"

Catalina Dogan; Honrada, noble y de carácter estricto. Se desempeñó como ama de llaves en la mansión de la familia de Don Bernabé Sáenz Valiente.

Se cuenta que Don Bernabé, hombre aristocrático y de palabra, le prometió que siempre estaría con ellos escoltándolos durante su existencia como en la eternidad. La única condición como principal tarea sería su lealtad y su trabajo.

Así fue como dedicó su vida a esa familia, a esos amos, a esas personas que día a día la hacían partícipe. Como recompensa viajó por el mundo recorriendo cada sitio recóndito del universo, el único día que falto a sus responsabilidades, fue el de su muerte.

En muestra de agradecimiento, el señor decidió enterrarla en el cementerio de La Recoleta. Hoy podemos observar, que pegada a la bóveda de la familia Sáenz Valiente hay una Lápida en el piso que pasa inadvertida:

CATALINA DOGAN
Falleció el 31 de
Agosto de 1863
A los Setenta
Cinco años de
Edad
FUE EN SU HUMILDE
CLASE DE SIRVIENTA
Un modelo
De Fidelidad
Y de
Honrrades

De este modo subrayamos como una persona sin tener un determinado nivel económico, puede ganarse un pedacito de cielo en la Recoleta.

Familia Sáenz Valiente: Lo que en otra época fue una bóveda de considerable tamaño, hoy es una ruina histórica. Se puede aún conocer el dueño del sepulcro porque en la puerta de entrada de hierro forjado, que por cierto esta corroída por el tiempo, se lee el nombre, Bernabé Sáenz Valiente.
Ladrillos a la vista enmohecidos, helechos, y una placa de bronce en ambos costados de la entrada es el único testimonio que aún perdura. De la bóveda parten hacia ambos laterales dos rejas que continúan el límite de la parcela. En la parte izquierda, encontramos la lápida donde esta enterrada Catalina Dogan.

10.

Julio Popper "Rey de la Patagonia"

Este personaje para algunos aventurero y para otros megalómano pero en sus actitudes se puede discernir que era ególatra y excéntrico además de controvertido, tenaz y ambicioso.

Provenía de una familia judía que vivía en Rumania a mediados del siglo pasado. Sus conocimientos de ingeniería le permitieron viajar y trabajar en diferentes partes del mundo. Recorrió la India, China, Arabia, Liberia y en muchos, tuvo la oportunidad de realizar trabajos acrecentando más su estudio y formación. Sabía hablar Idish, rumano, francés y un poco de alemán y latín.

En una de sus estadías en Brasil le notificaron que en el extremo sur del continente, habían encontrado yacimientos auríferos. Todas estas noticias hicieron que su espíritu aventurero lo embarcara hacia Buenos Aires, siendo su destino final Tierra del Fuego. Dedicó su vida a lo que fue su principal actividad, la extracción del oro.

Se hizo famoso por acuñar sus propias monedas de oro dentro de la isla y también emitió sus propios sellos postales, que directamente lo llevaron a un juicio por su ilegalidad. Cada gestión que realizaba lo hacía más notorio y conocido.

El 13 de Noviembre de 1889 presentó un proyecto al que llamó "cosechadora de Oro". Inmediatamente fue registrado para que ninguna persona se adjudicara su invento.

Dos años después se embarcó hacia Buenos Aires y fue ahí, la última vez que vio la ínsula; esa partida fue para siempre.

Sus últimos años los pasó en la urbe hasta que la muerte lo sorprendió el 6 de junio de 1893, en un hotel de la calle Tucumán. Tenía treinta y seis años.

Se suscitaron discrepancias en la causa de su deceso. Según la autopsia deficiencia orgánica pero en su Rumania natal varios autores publicaron la posibilidad que hubiese sido víctima de un asesinato, dejando un manto de dudas sobre su desaparición, que fue tan ambigua como su vida.

El sepelio se produjo el 7 de Junio a las 16 horas en el cementerio de la Recoleta. El cortejo fue escoltado por pocos amigos que quisieron despedir sus restos.

Para cerrar el círculo misterioso de este personaje, nos encontramos con la sorpresa de que su cuerpo no se encuentra en el lugar donde fue depositado.

Después de esto nos preguntamos: ¿Julio Popper fue una Leyenda? ¿Y su Fortuna? ….

11.

Rufina Cambacéres "Rufinita"

Rufinita es el diminutivo cariñoso que usan las personas que trabajan en el cementerio, al referirse a Rufina Cambaceres.

Sorteando bóvedas en el laberinto de callejuelas se llega a ver esa figura de color cemento tomada del picaporte de la puerta(hoy inexistente), como queriendo escapar de ese forzoso sueño eterno. Tantas veces vista en portadas de libros o postales que sin leer el nombre, ya sabemos de quien se trata.

Al hablar de este hecho real e impresionante, nos tenemos que remitir al año 1902. Cuando la medicina no podía certificar fehacientemente la muerte de una persona, se trataba de utilizar diferentes tipos de técnicas que hicieran posible dicha confirmación, evitando así, el entierro de una persona que no había entrado en el mundo de los muertos. A raíz de ello, el miedo a ser enterrado vivo se apoderaba del intelecto de los mortales, pero Rufina estaba lejos de pensar esas cosas, aún era muy joven.

El día que cumplía diecinueve años y frente al espejo, que reflejaba una mujercita, se acicalaba para ir a la ópera después de un día de festejos. Vinieron a su mente los días que acompañaba a su padre a las reuniones sociales, a las que su madre casi no asistía. Su pasado la condenaba y la "elite" no aceptaba a esa mujer que formaba parte de una gran fortuna pero no provenía de una familia tradicional.

La niña creció sintiendo el desprecio de la sociedad hacia su madre y la tolerancia hacia su querido padre que feneció después de una cruel enfermedad.

La llegada de un hermano de apellido Irigoyen, produjo un abismo más profundo en las relaciones. Su familia no se ajustaba a la moral de ese entonces, como ella no se ajustaba a esos vestidos apergaminados que le imponían, para mejorar la postura y la apariencia. "Rufinita" prefería lo sencillo y agobiada por la presión de la ciudad, buscaba la libertad en la quinta de su padre en la zona de Barracas donde pasaba largas estadías.

Perdida su mente en esas cavilaciones, sintió como su cuarto se oscurecía, su respiración se dificultaba y sus latidos se espaciaban cada vez más. Su malestar paralizó sus manos que trataban de aflojar ese vestido, que a su parecer, era el causante de semejante ahogo. Sin conseguir su objetivo y debilitadas sus fuerzas, fue dejándose ganar por el letargo que la sumía en una profunda nada. Nunca supo que se trataba de un "estado de catalepsia".

Cuando despertó, la rodeaba la misma oscuridad pero el espacio reducido del receptáculo suave y acolchonado, le indicaba que no era su aposento. Tardó en salir de su perplejidad y cuando al fin lo logró, la desesperación ahogó un grito en su garganta; no podía creer que se encontraba en un ataúd sellado para siempre.

Este hecho conmocionó tanto a la sociedad, que generación tras generación aún comenta la terrible tragedia padecida por "Rufinita". Muchos mitos y leyendas comenzaron a partir de su muerte. Dicen que su madre al visitar por primera vez su sepulcro encontró el féretro desplazado, corrió en busca de un cuidador y temiendo que haya sido víctima de profanadores, lo abrieron y constataron que sus manos estaban encrispadas y el raso que forraba el cajón, rasgado. Con terror su madre pudo corroborar que su hija había sido sepultada viva.

La bóveda de estilo Art nouveau fue construida en su memoria en 1908. En su frente líneas curvas y un entrelazado de hojas y tallos, rematan en un crespón floral además de una representación de Rufina de tamaño natural, saliendo de la oscuridad de la muerte hacia la luz de la vida eterna. La obra se adjudica a Richard Aigner.

Esta narración está basada en la "supuesta" muerte por Catalepsia. Según algunos autores, la niña murió por causas naturales, pero las versiones son variadas.

El 31 de Mayo del 2002, al cumplirse el centenario de la desaparición de Rufina, arribaron al país familiares de Francia para rendirle un homenaje. Así se cierra el capítulo de otra de las famosas historias de este cementerio.

12.

Inés Indart de Dorrego "Un secuestro atípico"

El Palacio Miró construido en 1868 pertenecía a la señora Felisa Dorrego de Miró. Esta construcción de exquisita ornamentación, constaba de dos plantas, galerías perimetrales y un famoso mirador que lo hacía muy particular. Sus jardines extensos poseían una frondosa y variada arboleda.

El 25 de Agosto de 1881 mientras febo asomaba en la ciudad de Buenos Aires llegó a la residencia una extraña carta que llamó la atención de la señora por no tener remitente. Como toda persona y siendo su destinataria, su curiosidad e intriga por leer su contenido hizo que de inmediato la abriera. Su rostro desdibujado y sus ojos perdidos como remontados a épocas pasadas, fueron sus primeras expresiones ante lo que leía.

La misiva describía el secuestro de los restos mortales de su madre Doña Inés Indart de Dorrego y las pretensiones económicas a la que aspiraban los delincuentes. La suma de dinero que ellos solicitaban era de ochenta mil patacones, haciendo salvedad que de no cumplir con dicha condición, los restos serían maltratados y deshonrados. Se especificaba además los pasos a seguir para hacer efectivo el pago asegurando que el féretro que contenía el cuerpo de la señora, que ya se encontraba fuera del cementerio, estaba siendo tratado con el respeto que merecía la difunta. Al final de la carta se podía leer como firma "Los caballeros de la noche".

Felisa con su porte derruido, atónita pero con su temple intacto reunió a su familia para dar explicaciones de lo acontecido.

En ese pequeño salón dominaba la situación un clima lúgubre y enigmático, todas las imágenes del pasado, que habían creído curadas por el paso del tiempo, retornaban y así recordaban los días de angustia vividos por la perdida de doña Inés.

Durante la reunión que duró más de dos horas se llegó a la conclusión que uno de los presentes iba a ser el encargado de llevar consigo la suma requerida, mientras que otro de los concurrentes creyó pertinente acercarse al cementerio a constatar la veracidad de los hechos, ya que era poco probable que el ataúd fuese sacado de los limites.

Llamó mucho la atención la prolija escritura y el léxico utilizado, dejando entrever el nivel cultural de la persona que había escrito el anónimo.

A la mañana siguiente reunidos en la puerta de la necrópolis, caminaron hacia la bóveda abriéndose paso entre la espesa bruma matinal que hacía del lugar, un sitio tenebroso.

Se constató en efecto la ausencia del ataúd y fue así que comenzaron una búsqueda sin esperanza. Junto a ellos un grupo de policías que intervenían en el caso iniciaron el rastreo en las bóvedas adyacentes. Inesperadamente en la Bóveda de la familia de Francisco Requijo, apareció el féretro de Doña Ines Indart de Dorrego. Como ellos habían creído desde un principio, su cuerpo nunca había traspasado el muro a la ciudad de los vivos.

Algunos días después, en el Barrio de Belgrano, fue detenida todo la banda apodada "Los caballeros de la noche", incluido su principal jefe el Barón Belga.

La familia Dorrego creyó haber terminado con esta pesadilla una vez que los malhechores estaban apresados, pero el joven abogado que los defendía, el doctor Rafael Calzada, logró después de un tiempo prudencial la libertad de los mismos, argumentando el caso como "atipicidad Jurídica".

Hasta ese momento la legislación Argentina no contemplaba la penalización de este tipo de delitos. Como consecuencia de ello el jurista obtuvo mayor reputación y se transformó en una persona económicamente poderosa.

La bóveda de la familia de Luis Dorrego, se encontraba recubierta por placas de mármol blanco con una reja negra que permitía el acceso al interior. En su parte superior dos copones de piedra y una dolorosa con una antorcha en su mano izquierda. Actualmente pertenece a otros propietarios.

13.

Una tarde de Julio...

Siempre que visito el cementerio acompañado de alguien me dirijo a la bóveda de la Familia Duarte. Nadie quiere partir de este lugar sin antes ver donde descansa "Evita".

Una tarde de Julio, pleno invierno, estaba frente al sepulcro con la Señora Ana González y sus hijos, amigos de toda la vida, cuando nos encontramos con una señora alta, elegantemente vestida con un tapado de piel de nutria y su cabello rubio formaba un rodete en la nuca mostrando así su piel blanca. Sus actitudes enérgicas y el movimiento de sus manos, cargados sus dedos de anillos, la hacían más interesante aún.

Nos acercamos y se produjo una charla amena. Decía llamarse Nerina y que había sido secretaria de "Evita". Ella con tres mujeres más habían sido las primeras asistentes sociales del país. Solía visitar la tumba de Eva, e incluso comentó que el tapado que llevaba puesto había pertenecido a la Señora Duarte, en ese instante, Ana, pidió tocar ese sacón y una verdadera emoción se apodero de su rostro.

Aunque el frío nos invadía y la afluencia de turistas no cesaba, la señora Nerina continúo contando anécdotas que confirmaban el carácter de "Evita".

Llegando al final de la conversación comentó que el doctor Eduardo Duhalde quería proponer al partido justicialista el traslado a San Vicente, provincia de Buenos Aires, de los restos de Eva Duarte. Si bien esta señora mostraba seguridad al hablar, no podíamos creer este último comentario.

Nos despedimos de la señora y regresamos a casa recordando el suceso del cual habíamos sido partícipes.

Dos meses después escuché en el noticiero que el doctor Duhalde tenía la intención que el cuerpo de "Evita" junto con el de Juan Domingo Perón descansaran en San Vicente. Realmente la señora Nerina estaba en lo cierto, ¿Volvería ese pequeño cuerpo a peregrinar otra vez?.

Esperemos que todo quede en el olvido y que cada uno de los cuerpos realmente descanse en paz en el lugar donde se encuentra.

Personajes Notorios e Ilustres

1-   Amor a la Infancia.

2-   Caridad y Abnegación, sinónimos de F. Xavier Muñiz.

3-   Científico Incansable.

4-   El admirable manco de Curupayti.

5-   El escritor.

6-   Nóbel a la humildad.

7-   Notable Cirujano.

8-   Premio Nóbel de la Paz.

9-   Un alma sin paz.

1.

Ricardo Gutiérrez "Amor a la infancia"

El doctor Ricardo Gutiérrez nació el 10 de Noviembre de 1836 en Arrecifes, provincia de Buenos Aires. Fue médico y poeta. Siempre mostró un espíritu sensible y abnegado. Se especializó en clínica infantil en Europa y se puede decir que fue el primer pediatra del país.

Fue partícipe como cirujano de batalla en la guerra contra el Paraguay, pero en sus ratos libres asistía a los niños que habitaban en las cercanías del puesto sanitario o del hospital de campaña.

Por su labor fue condecorado por Argentina, Brasil y Uruguay.

Una vez instalado en Buenos Aires pidió a las damas de beneficencia la construcción de un hospital de niños, ya que en esa época eran tratados como adultos en los nosocomios. Las damas solo le consiguieron unos terrenos abandonados en los cuales el doctor con la ayuda de los vecinos del lugar comenzaron a limpiar y a levantar un gran galpón, con el objetivo de crear el Hospital de niños. Allí las madres llevarían a sus hijos pudiendo permanecer con ellos, algo novedoso para esos años. Según la teoría del doctor, no había mejor enfermera, más dedicada y amorosa para atender a estos pequeños pacientes, que sus propias madres. Ellas sabrían brindarle todo el amor que requerían. Cansadas de ver morir a sus retoños, colaboraron con el galeno en todo lo que estaba al alcance de sus manos, pero la situación llegó a tal punto que el hospital "el galpón" vio su ocupación saturada obligando al doctor a reiterar su ayuda a las damas de beneficencia. En un gesto de colaboración, decidieron la realización de eventos para recaudar fondos para que el Hospital de Niños fuera una realidad menos dolorosa. Finalmente quedó transformado en un importante establecimiento siendo su primer director el doctor Ricardo Gutiérrez. Allí enseño a gran cantidad de colegas que luego continuaron con su modalidad.

Son varias la obras literarias de este magnífico hombre que lo tienen como autor. A través de la literatura supo expresar sus emociones y su nobleza de espíritu quedó impreso en sus libros como también en su nombre.

A partir del 23 de Septiembre de 1896, viendo su sueño realizado, descansa en paz en el cementerio donde se le rinde tributo con el monumento realizado en su memoria.

Su sepulcro esta realizado en piedra y una laja del mismo material representa tres seres celestiales con una cruz bordeada con guirnaldas de rosas.

Categoría: Monumento Histórico Nacional.

"Hay que salvar de la cuna el porvenir de la patria"

Ricardo Gutiérrez

2.

Francisco Xavier Muñiz "Caridad y Abnegación, sinónimos de..."

Francisco Xavier Thomas de la Concepción Muñiz nació el 21 de Diciembre de 1795 en San Isidro. Hijo de Alberto Muñiz y Bernardina Frutos.

Durante las invasiones inglesas y a la edad de doce años participó activamente y recibió una herida de proyectil que marcaría su niñez. Médico cirujano, intervino en varias batallas socorriendo al herido en el mismo frente o en los hospitales de campaña y en su función vendaba con sus manos trémulas las heridas de los dolientes. Paralelamente fue un estudioso de las ciencias Naturales y aficionado a la paleontología, a la que le brindó numerosos aportes. Cumpliendo funciones de cirujano en el cantón de Chascomus bajo el mando del doctor Soler, desenterró varios fósiles.

En Cortaderas y Pueblo Grande además de cumplir su función de médico, suministró gratuitamente medicina a los soldados y familiares durante diecinueve años, mostrando su caridad sin límites más allá de sus responsabilidades.

Al fundarse la Escuela de Medicina bajo la dirección del doctor Ribero, el doctor Muñiz crea la Cátedra de teoría y práctica de parto, enfermedades del niño y medicina legal.

Por su desempeño en los campos de batalla lo constituyen un militar por hábitos y costumbres con el cargo de Coronel. A los sesenta y cinco años se jubiló como cirujano militar, catedrático y presidente de la Facultad de Medicina cargo que ocupó durante cuarenta y cuatro años.

En 1866 y siendo un hombre sexagenario, se ofreció como voluntario en la guerra contra el Paraguay para aliviar a sus compatriotas. Su lucha fue ardua contra las epidemias que atacaban a las tropas argentinas. Es larga la lista de actividades altruistas que tuvo este gran hombre.

Fue un pionero en el tema "prevención" instruyendo al público y colegas. En 1869 cansado y enfermo se instaló en la ciudad de lujan y sus vacaciones las pasaba en los campos de Morón, zona oeste del gran Buenos Aires. En una de sus estadías, estalló en Buenos Aires en 1871 el brote de fiebre amarilla alejando de la ciudad a la mayoría de las familias adineradas. Su ejemplo de abnegación hizo que raudamente tome su puesto de lucha contra la epidemia. Antepuso todo en pos de la humanidad, no bajo los brazos y le peleó a la muerte cara a cara arrebatándole algunas pocas personas que se salvaron, ya que la ciudad fue diezmada por la calamidad.

La familia de López Torres, amiga del doctor, pereció frente a la cruel enfermedad siendo el único sobreviviente el señor López torres. Pasados algunos días empezó a tener los síntomas de la fiebre y fue observado por José Maria Muñiz que le dio alojamiento en su casa, contrayendo también el mal. Allí es donde el señor López Torres fallece pero el joven Muñiz salva su vida.

Aunque el anciano y querido doctor Muñiz no puede evitar el golpe que le asesta su vieja rival contra la que libró verdaderas batallas, "La Muerte", vieja conocida, acababa por ganarle.

El 8 de Abril de 1871 fallece el insigne Doctor Francisco Xavier Muñiz de fiebre amarilla. Al día siguiente fue inhumado en el cementerio del Sud donde tuvo una ubicación privilegiada, mientras que sus hijos encargaron la construcción de un sepulcro en el cementerio de la Recoleta.

La escultura de rasgos femeninos que se encuentra en este sepulcro de significativo tamaño, sostiene en su mano derecha una espada y en su izquierda el símbolo representativo de la medicina.

Sobre un basamento rectangular se pueden observar placas de bronces cinceladas representando diferentes aspectos de su vida (el combate, su profesión, la lucha contra la fiebre amarilla y sus estudios sobre la paleontología). En la parte superior una estatua del Doctor Xavier Muñiz. La obra esta firmada por Ettore Ximenes (Roma 1898).

En esta escultura se ven representados todos los médicos que con su trabajo solidario alivian el sufrimiento de sus congéneres, sin importarles su vida, viven y mueren en el anonimato.

Categoría: Monumento Histórico Nacional.

3.

Luis Agote "Científico Incansable"

La República Argentina es un país que promueve trascendentales valores culturales, deportivos y científicos entre otras ramas, quedando muchos de ellos plasmados en las páginas de la historia y así, aún perduran.

Muchos de los descubrimientos realizados en medicina se los adjudicaron médicos de nuestro país, por eso tenemos que estar orgullosos del nivel académico de los profesionales de nuestras universidades que triunfan en el mundo.

El Doctor Luis Agote es un ejemplo de lo mencionado. Nació el 22 de Septiembre de 1868 en la Capital federal y durante sus primeros años de vida se perfiló como una persona curiosa con inagotables motivaciones que lo llevaron a investigar y conocer así, el origen o el porque de las cosas.

Sus estudios los cursó en el actual colegio Nacional de Buenos Aires. Durante su juventud incursionó en política y ocupó una banca en la cámara de diputados de la Nación donde concretó varios proyectos de ley como: La creación de la Universidad Nacional del Litoral, creación del patronato nacional de menores abandonados y delincuentes además de otros proyectos de gran envergadura.

Continuó sus estudios en la Universidad de Buenos Aires, en la facultad de Medicina y en 1893 se graduó con una tesis que realizó sobre Hepatitis Supurada.

Su trayectoria fue adquiriendo notoriedad llegando a ocupar diferentes e importantes cargos en el área de la educación y en el área hospitalaria.

Su desvelo era poder encontrar un método que hiciera posible transfundir sangre de hombre a hombre sin consecuencias perjudiciales para la salud de las personas. Anteriormente médicos franceses e ingleses habían realizado experimentos sin resultados positivos al aplicarlos en seres humanos. Todo esto lo llevó a perfeccionar un método efectivo. Igualmente las transfusiones directas continuaron, produciendo en la mayoría de los casos trombosis y embolias por la coagulación de la sangre.

El doctor Agote y su laboratorista realizaron infinitos experimentos para evitar la coagulación. Probaron poner la sangre en recipientes especiales, mantener la sangre a una temperatura constante, pero todo sin éxito alguno, hasta que decidieron cambiar el rumbo de sus estudios. Ahora su búsqueda estaba orientada en encontrar una sustancia que al ser agregada a la sangre evitaría la coagulación. Sorprendentemente habían encontrado la solución al problema.

El citrato de sodio, sal derivada del ácido cítrico, evitaba la formación de coágulos y ahora sí, comenzaba la etapa de poner en práctica dicho experimento y corroborar la teoría.

El 7 de Noviembre de 1914 en el Hospital "Rawson" se realizó la primera transfusión de sangre citrada. Presenciaron dicho acontecimiento facultativos, profesionales en el área, políticos y el intendente municipal. El portero del nosocomio José Machia donó 300 cm3. de sangre para ser transfundidos a una parturienta que tres días después abandonaba el lugar en perfectas condiciones.

A partir de ese momento se abría una puerta a la esperanza de miles de pacientes que morían cada año.

Era increíble que Buenos Aires, ciudad poco conocida por descubrimientos científicos, estuviera en la plana de los diarios más prestigiosos del mundo. A medida que iban pasando los días el doctor se encargó de difundir y explicar su descubrimiento e inmediatamente el New York Herald publicó una síntesis del método.

En el transcurso de ese año los gobernantes de los países que intervenían en la guerra mundial no lo tomaron en cuenta restándole trascendencia, pero una vez finalizada la guerra el norteamericano Lewisohn y el belga Hustin se atribuyeron el descubrimiento comenzando así una disputa entre los involucrados que duró varias décadas.

El doctor Luis Agote murió el 12 de Noviembre de 1954. Se fue de este mundo con múltiples distinciones que lo llevaron a ser recordado a través de generaciones. Su nombre sigue plasmado en libros, en una calle de la ciudad que lo recuerda, y en centros de hemoterapia.

Sus restos se encuentran en la bóveda de la familia de Juana Zamudio de Lavalle. De características sencillas posee una cruz y más abajo labrado en la piedra un reloj de arena con alas, simbolizando el fin de la vida.

Una placa de bronce cita:

LUIS AGOTE

22·9·1868 – 12·11·1954
Legislador, Médico, Filántropo
Benefactor de la Humanidad
El 7 de Noviembre de 1914
Dio a conocer al Mundo el método
Mediante el cual se universalizó la
TRANSFUSIÓN DE SANGRE
LA COMISIÓN DE HOMENAJE
En el tercer aniversario

De su fallecimiento
12 de Noviembre de 1957

4.

Cándido López "El admirable manco de Curupayti"

En 1840 de padres argentinos nació en Buenos Aires Cándido López. Su vocación artística lo llevó a incursionar en la pintura.

Durante los años sesenta conoce un artista italiano con quien comparte una amistad, su nombre era Ignacio Manzoni. El artista le prestaba cuadros de batallas para que practicara sus conocimientos de pintura que enriquecerían su técnica.

Al mismo tiempo su formación como fotógrafo le permitió tener otra perspectiva a la hora de pintar sus propios cuadros.

Cuando se radicó en San Nicolás de los Arroyos, su técnica se basó fundamentalmente como retratista.

Corría el año 1865 y un hecho trascendental cambiaría radicalmente su vida. Fue en ese año que estalló la guerra de la triple alianza y Cándido, en un acto patriótico como la mayoría de los que se alistaron para combatir, se sintió obligado a defender su patria y fue así que se enroló en el cuerpo al mando del Teniente Coronel Boerr. Ingresó a las filas con el grado de Teniente Segundo en el Batallón de Guardias Nacionales "San Nicolás".

El soldado no desplazó al artista y en el transcurso de las operaciones militares, fue documentando y tomando apuntes en su libreta de todo acontecimiento que padecían en el campo de batalla, además de realizar varios croquis en lápiz de los paisajes, campamentos y uniformes.

Lamentablemente en uno de los ataques del enemigo en la batalla de Curupayti, donde murieron jóvenes y notables argentinos, el heroico pintor fue alcanzado por un casco de granada lo que produjo la pérdida de su mano derecha. Fue trasladado a la ciudad de Corrientes con otros heridos donde tuvieron que amputarle la mitad del antebrazo. En ese momento sintió que la vida le arrebataba la única vía de expresión, pero el espíritu resuelto y tenaz que poseía comenzó a librar su propia batalla y aún permaneciendo en el cuerpo de inválidos, con increíble constancia, comenzó a adiestrar su mano izquierda en el manejo del pincel, para poder seguir trasmitiendo su arte que no menguó a pesar de la desgracia. El médico que participó en su recuperación fue homenajeado con una de sus primeras obras "Rancho donde vivía el Doctor Don Lucio del Castillo en el campamento de Tuyutí".

La desgracia produjo en él tal conmoción que a partir de ese momento basó sus pinturas en hechos bélicos que el mismo había protagonizado y así sus esfuerzos se vieron recompensados, pues en varios años pintó poco más de cincuenta composiciones al óleo usando los apuntes que había realizado en los campos de batalla.

El artista había adquirido el estilo panorámico que le permitía narrar acciones múltiples y simultáneas, además de describir los ambientes naturales. Es importante destacar que la mayoría de sus pinturas basadas en el combate, ponen al observador en un punto de vista más elevado de la acción con una amplitud del campo visual apreciando todo el escenario. En esto tuvo que ver su formación como fotógrafo.

En 1885 expuso veintinueve de sus obras en el club Gimnasia y Esgrima, tanto el público como los críticos observaron el valor documental de sus cuadros pero no apreciaron el verdadero talento de su creador y el reconocimiento vendría con el tiempo.

Dos años más tarde sumido en una profunda y cruel pobreza junto a su esposa y sus doce hijos decide vender los veintinueve cuadros, que son adquiridos por el Poder Ejecutivo para sumarlos a la colección del Museo Histórico Nacional.

En la década siguiente Cándido López aún seguía pintando series de cuadros relacionados a la guerra, no pudiendo dejar de pensar en esos momentos que fueron grabados fuertemente en su memoria y aunque se lo catalogó como monotemático, no tenía otra forma de expresar la belleza de los parajes y el horror vivido en ese tiempo.

Los últimos años de su vida los pasó en Baradero abocado a las tareas rurales sin dejar de lado su arte al que incorporaría una serie de naturalezas muertas.

El 31 de Diciembre de 1902 falleció en Buenos Aires de un ataque cardíaco un hombre que luchó su propia guerra venciendo a su peor enemigo "La invalidez".

Legó un testimonio tangible de su pasión por el arte y la injusticia de no haber sido reconocido como un verdadero artista.

Sus descendientes donaron muchas de sus obras al Museo Nacional de Bellas Artes, que tardó varios años en aceptarlas. Hoy se pueden apreciar allí. Los libros de arte lo reconocen y le dan un lugar destacado, los especialistas atribuyen a sus obras una interpretación de la naturaleza con características propias. Pintó nuestra tierra, nuestro clima, nuestras aguas y nuestra vegetación con profunda y conmovedora sensibilidad; de gran dominio de las formas

llanas y simples y de gran colorido que lo hacen un creador
de gran valía.

Su cuerpo se encuentra en la Bóveda Guerreros del
Paraguay. De gran tamaño, en su entrada podemos observar dos
esculturas que representan dos soldados, en posición, como
custodiando el descanso de las almas, de esos hombres que con
gran valía lucharon y murieron en honor a la patria.
Distintas placas conmemorativas cubren la pared y un gran
escudo con la bandera de Uruguay, Brasil y Argentina. La
bóveda es coronada por un importante ángel.

Categoría: Monumento Histórico Nacional.

5.

José Hernández "El escritor"

Facón, boleadoras, trabuco, paisaje pampeano, todas estas palabras llevan a nuestra mente a elaborar la imagen del "Gaucho". Por ello no podemos dejar caer en el olvido al meritorio político y escritor, creador de su obra eximia "Martín Fierro" y "La vuelta de Martín Fierro".

Universalmente conocido y traducido al inglés, francés, árabe, iddish, japonés, esperanto, lituano, rumano y otros idiomas, este libro muestra la idiosincrasia del gaucho argentino. Ediciones de lujo fueron especialmente diseñadas para bibliógrafos. Esta obra maestra de calidad excelsa, aún hoy, tiene vigente sus enseñanzas.

José Hernández mientras ocupó una banca como Senador Nacional escuchó y dedicó parte de su tiempo a los sectores más desprotegidos de la sociedad. Una enfermedad lo obligó a preocuparse por su salud, pero debilitadas sus fuerzas, murió en su quinta de Belgrano el 21 de Octubre de 1866.

La bóveda familiar donde descansa es de características simples con elementos neoclásicos.

Es importante resaltar que la conmemoración del día de la tradición, 10 de Noviembre, debe su fecha al natalicio de José Hernández.

Categoría: Monumento Histórico Nacional.

6.

Luis Federico Leloir "Nóbel a la humildad"

Luis Federico Leloir nació el 6 de Septiembre de 1906 en la ciudad de Paris. Sus padres el doctor Federico Leloir y doña Hortensia Aguirre habían viajado por una operación a la que sería sometida la señora.

De descendientes franceses y españoles nativos de Argentina por varias generaciones. A pesar de haber nacido en Francia eligió ser argentino como sus padres. Era una familia dedicada a las actividades agrícola-ganadera y representativa de la clase social alta. Solían viajar a Europa, principalmente a Francia.

En 1932 se graduó como médico en Buenos Aires.

Inició su carrera médica en el Hospital Municipal "Ramos Mejía". Dos años sirvieron para darse cuenta que no era su vocación y una vez que conoció los trabajos de investigación de fisiología del profesor Bernardo Hussey, comenzó a trabajar en el Instituto que funcionaba en el viejo edificio de la facultad de medicina. Este trabajo le hizo notar su falta de conocimientos como técnico bioquímico. Tenaz, continuó estudiando para lograr los objetivos que necesitaba para su investigación y así viajó varias veces al exterior. Estuvo en la Universidad de Cambridge, Inglaterra, con el profesor Hopkins (premio Nóbel de Medicina y Fisiología 1929), además de otros prestigiosos científicos.

El regreso a Buenos Aires en 1937 fue con mucho éxito para el doctor, pues traía a su país que amaba profundamente, experiencias que trasmitiría a su equipo en el Instituto de Fisiología, dirigido por el Doctor Bernardo Hussey (premio Nóbel compartido). Como la política del momento no le era favorable, en 1943 el doctor Hussey fue destituido por el gobierno de entonces y el doctor Federico Leloir renunció solidarizándose con su colega.

Me gustaría describirles en que condiciones precarias investigaban o impartían clases, científicos de gran importancia. El Instituto de Fisiología era un edificio de paredes gruesas, de ambientes fríos y húmedos, poco acogedores. A un lado se encontraba el despacho del doctor Hussey, donde a horas muy tempranas se distribuían unos pequeños papelitos ya usados, que funcionaban como partes diarios.

En el subsuelo se encontraban los bioterios donde conejos y ratas eran cuidados por ser un valioso material de investigación. Dentro del austero ambiente se desarrollaban las distintas actividades. En un pequeño cuarto tenían lugar las reuniones para evaluar las labores desarrolladas durante el día.

A los investigadores solo los movía el fervor y la mística.

Donde trabajaba el doctor Leloir había media docena de mesas con tapas de lava. Cada mesa estaba destinada a un investigador y en un pequeño armario guardaban los útiles de trabajo, donde los elementos más importantes eran una centrífuga y colorímetros. La limpieza del material debía ser realizada por la persona que lo usaba y fuera de las drogas más importantes las restantes debían ser preparadas por ellos mismos.

El doctor Federico Leloir llegaba al laboratorio a la misma hora todas las mañanas del año, salvo los días domingo, el primero de año y navidad. Siempre llegaba con su pequeña valija donde traía su almuerzo que se efectuaba sobre una modesta mesa y sentado en un viejo y gastado sillón.

Persona Delgada, tímida, metódica, de rostro afinado y mirada vivaz, comenzaba su retiro del lugar a la misma hora todos los días dejando colgado en su perchero el guardapolvo gris como el que utilizaban los servidores.

Amelia Zuberbuhler fue su esposa y quien lo acompañó durante toda la vida.

El doctor Hussey con el apoyo de la fundación Sauberan y Don Miguel Laphitson, montó el instituto de Biología y Medicina experimental en un edificio de la calle Costa Rica 4185. Era una casa antigua donde el agua de lluvia se filtraba por las paredes y los techos, teniendo que diseñar un sistema de cañerías para evitar así su anegación. Esta realidad cambiaría gracias al subsidio de cien mil pesos que ofreciera el señor Jaime Campomar. Así adquirieron otro edificio cito en la calle Obligado 2490, ayudados por la gestión del ministro de salud pública doctor Francisco Martínez.

El doctor Federico Leloir junto a sus colaboradores el doctor Ranwell, Raul Trucco, Cardini, Cabib, Paladíni y J. L. Reissig, comenzó una etapa que lo llevó al reconocimiento mundial.

En 1970 a pesar de los ruinosos edificios, la carencia de instrumental, los escasos medios con los que contaban y después de una larga nómina de numerosos premios y menciones recibidas, tanto nacionales como internacionales, fue honrado por la Academia Sueca con el Premio Nóbel de Química por el "Descubrimiento de los Nucleóticos azúcares y su función en la Biosíntesis de los Hidratos de Carbono".

La trascendencia de la noticia recorrió el mundo y sacudió a nuestro país. Fue recién ahí que las autoridades tomaron conciencia y decidieron otorgarle un nuevo edifico con equipamiento, ubicado en Parque Centenario.

El doctor al enterarse que era objeto de distinción dijo: -"Por algo tan pequeño me han concedido un premio tan grande". (sic)

El 7 de Diciembre de 1970 llegó a la ciudad de Estocolmo en Suecia para la ceremonia de entrega de premios que se efectuaría el día 10 del corriente, coincidiendo con el aniversario del Señor Nóbel. En esta ocasión lo acompañaba su esposa, su hermana Marta Leloir de Udaondo y su hija.

Cuando el Doctor arribó al aeropuerto de Arlanda lo aguardaba un gran grupo de periodistas, que pudieron ver en él, un hombre sencillo e inhibido por los flashes y por la concurrencia. Su personalidad tan humilde le hizo decir: -Yo no tengo experiencia con las entrevistas y formuló una pregunta que era más un deseo; ¿Creen que alguna vez voy a recuperar la paz?

El premio cuya cifra era ochenta mil dólares, la destinó para el instituto como solía hacer con las retribuciones recibidas. Argentino por opción patriota y altruista como pocos, en su larga carrera había rechazado proposiciones de grandes laboratorios para trabajar en el exterior.

En su estadía en Estocolmo recorrió la ciudad y tanto la gente como la prensa hacía de Federico Leloir el favorito debido a su calidad humana.

A las 16.20hs el Doctor Luis Federico Leloir fue presentado por el profesor Kart Myrback y el manuscrito leído por el profesor Arne Tiselius, ambos miembros del comité. El premio lo recibió de manos del rey Gustavo Adolfo en el Stora Salom del Konserthuset.

Mientras tanto en Buenos Aires todo un pueblo estaba expectante y orgulloso con la transmisión vía satélite, representado por aquel tenaz, fiel y gran hombre que debido a su modestia rechazó todos los honores que se prepararon para él. Solo quería volver a la tranquilidad y al silencio de su laboratorio. Precisamente allí es donde se vivió con gran algarabía el momento de la entrega del premio, sus colaboradores sabían bien los esfuerzos realizados para desarrollar ahí sus investigaciones y los sinsabores de la incomprensión de las autoridades, reafirmando el refrán: "Nadie es profeta en su tierra".

De vuelta al país y a su trabajo, tuvo la satisfacción de ver en vida algo por lo que él y sus colegas habían bregado; la inauguración del Instituto de Investigaciones Bioquímicas en la calle Antonio Machado frente al Parque Centenario. Cabe destacar que la comisión inicial para erigir el edificio estuvo a cargo del intendente señor Cacciatore, la señora Amalia Lacroze de Fortabat y el ingeniero Ondarts, entre otras personalidades.

El Doctor falleció el 2 de Diciembre de 1987 silenciosamente, sin lujos ni pompas, como fue su vida. En contra sentido debo decir que sus restos descansan hoy en una suntuosa bóveda en nuestro cementerio de la Recoleta.

Deseo que las generaciones venideras sepan apreciar a este hombre que de la ciencia supo hacer un acto de amor.

Después de algunos años, vi en la televisión un documental donde mostraban al Doctor Leloir sentado en una silla de paja en su laboratorio paupérrimo, con su cara de bueno y su pelo blanco reflejando el paso del tiempo. Esa imagen quedó grabada en mi retina y cuando paso por su mausoleo me pregunto: ¿Se sentirá cómodo en un lugar tan lujoso alguien que vivió en la simpleza?

La Bóveda es una de la más costosa y monumental del cementerio obra del arquitecto A. Guilbert. Si observamos el monumento en su parte media un tambor de bronce permite la llegada de luz solar a la capilla interna iluminando el altar y el cristo realizado por el escultor Leonardo Bistolfi. La base es de granito pulido y sostienen la cúpula, revestida por venecitas de oro de 24 quilates donde esta representada la figura de cristo, 12 columnas de estilo jónico.

7.

Enrique Finochietto "Notable Cirujano"

El Doctor Enrique Finochietto nació en Buenos Aires el 13 de Marzo de 1881. En 1904 se doctoró en medicina y su calificación fue la más elevada del curso. Su partida a Europa sirvió para su perfeccionamiento y los nuevos conocimientos adquiridos fueron implementados en el desarrollo de aparatos y técnicas quirúrgicas de fama universal. Al regresar al país ocupó diferentes cargos en el Hospital Rawson y un cargo de profesor en la Universidad Nacional de Buenos Aires.

Su sabiduría nunca se interpuso ante el "hombre". Su calidad humana lo acompaño hasta el día de su muerte. Por éste y otros méritos fue condecorado con distinciones tanto nacionales como extranjeras.

Muchas anécdotas se conocieron sobre la personalidad del Doctor, pero hay una que no pude olvidar, contada por un enfermero de su equipo de trabajo.

El Doctor debía operar a un paciente que tenía un gran tumor en el cerebro y era necesario estirparlo. La intervención quirúrgica llevaba varias horas sin complicaciones. Cuando el tumor fue localizado, el Doctor lo extrajo con éxito. Mientras hacía las suturas, observó en la masa cerebral un pequeño cabello. En ese momento no podía pensar otra cosa que quitarlo sin dañar la zona. Ante el asombro del equipo médico el galeno se quitó el barbijo, se inclinó sobre el paciente, y con su lengua humedecida extrajo el cabello. En este pequeño pero valeroso acto, se puede afirmar que el doctor Enrique Finochietto fue una de las grandes figuras de la medicina Argentina.

Físicamente desapareció el 17 de Febrero de 1948, pero su nombre es recordado eternamente.

8.

Carlos Saavedra Lamas "Premio Nóbel de la Paz"

Quizás muchas personas no tienen conocimiento que el primer premio Nóbel que la Republica Argentina recibió fue a merced de este particular señor; Carlos Saavedra Lamas.

Nació en Buenos Aires el 1° de Noviembre de 1878. Los cargos que ocupó a lo largo de su vida son innumerables, desde profesor, rector de varias universidades, se desempeño en distintos ministerios, redactó diferentes obras como los asalariados en la Republica Argentina, tratados internacionales de tipo social, problemas de gobierno, los tratados de arbitraje, la ley de cabotaje y la interpretación de los tratados de 1853, y un sin fin entre legislaciones y demás. Fue autor del instrumento de paz que llevaría a la solución del conflicto con el Chaco, esto junto a su gran trayectoria de maestro, estudioso e hiperactivo en lo que fuera política social le valió el premio Nóbel en 1936 además de otras distinciones extranjeras con las que fue distinguido.

De una gran cultura, este sencillo hombre dialogaba tanto con un presidente como con el personal domestico, pero siempre manteniendo la misma cordialidad y frescura asombraba a quien lo observaba. Su esposa era Rosa Sáenz Peña, nieta del presidente Roque Sáenz Peña.

Su cargo de parlamentario fue desempeñado en forma brillante debido a su oratoria, abundante era el léxico que empleaba maravillando con sus conocimientos del lenguaje castellano. Se supo decir de él que por su sabiduría y capacidad debía haber sido presidente de la República.

Este hombre mordaz, incisivo y con un agudo sentido del humor, era mas bien alto y su vestimenta pasada de moda que junto con sus anteojos marcaban su gran personalidad.

Fue orgullo de los argentinos por su laboriosidad y logros, testimoniando una vez más la casta de prohombres que hicieron a nuestro país. Murió el 5 de Mayo de 1959 y en su bóveda semi escondida, abundan las placas conmemorativas que agradecen su paso por la vida.

9.

Leopoldo Lugones "Un alma sin paz"

Leopoldo Lugones nació el 13 de Junio de 1874. Escritor con una vasta cultura, lector incansable, un espíritu inquieto que buceaba en las páginas de los libros que leía como en la vida misma. Amante de la astrología supo decir que el designio de los planetas marcaba su muerte violenta.

Socialista, activista revolucionario, participó del derrocamiento de Irigoyen, nacionalista, militarista, dictatorial, masón y espiritualista, declaraba ser católico. Mutaciones contradictorias que experimentó durante su vida.

En una de sus obras muestra su pasión por el ocultismo y la narrativa trata sobre la dignidad del suicidio; obsesión latente en varias de estas. En sus últimos años trabajo en la Biblioteca Nacional de Maestros.

El viernes 18 de Febrero de 1938 acudió a su trabajo con su habitual traje negro. Al conversar con una compañera comentó que el nuevo gobierno lo había citado en Campo de Mayo. Ella fue la última persona que lo vio con vida y notó en él, una frialdad que lo hacía distante.

De Campo de Mayo emprendió su viaje al embarcadero de Tigre para abordar una lancha hacia el recreo "El Tropezón", había comenzado su viaje al infinito como si se hubiese desplazado por el río Aqueronte hacia el Hades.

Al llegar a la posada se instaló en la habitación diecinueve, dio un paseo por los alrededores y al regresar pidió un vaso de whisky. A media noche lo encontraron caído y con su rostro violáceo. Sobre la mesa el vaso y varias cartas. Él siempre llevaba consigo un arma, su fiel acompañante; ¿por qué se envenenó en lugar de suicidarse con su arma?. De éste interrogante solo él sabe la respuesta.

Si uno analiza sus escritos, puede ver en ellos leyendas premonitorias sobre su muerte, que sumándolas a las mutaciones contradictorias, encontramos en él, un espíritu torturado por el más allá. Ni la religión, ni la ciencia, ni el arte calmaron la inseguridad en la que se debatía su alma, el mítico hombre que fue, se encontraba en la morgue de un hospital de San Fernando esperando la autopsia.

Su cuerpo fue inhumado el 20 de Febrero a las nueve de la mañana en la bóveda de la familia Beristeyn.

Todos pasamos sin saber que el gran poeta allí se encontraba, pues no había testimonio alguno que lo recuerde. Según se comentó, en una de sus cartas pidió ser enterrado sin ataúd y en el anonimato. Prohibió que algún sitio o calle lo recordara pero su voluntad no fue cumplida. Amortajado con un hábito de monje y su féretro colocado en una bóveda. La avenida Leopoldo Lugones lo recuerda.

No quiso dejar ni un solo rastro del hombre, solo del poeta. Su existencia dejó más preguntas que respuestas, así fue de misteriosa su muerte como popular en su vida.

En 1988 sus restos fueron trasladados a la provincia de Córdoba.

Leyendas y Curiosidades

1- Bóveda Familias Otamendi y Nöel.

2- Diez meses, tres vidas....

3- El ataúd de cristal.

4- El Chatarrero.

5- Iglesia Santa Felicitas.

6- La Dama de Blanco.

7- Los padres del General Don José de San Martín.

8- Los restos de Bernardino Rivadavia.

9- Mitos y Leyendas sobre el cuerpo de Eva Duarte de Perón.

10- Curiosidades varias.

1.

Bóvedas familia Otamendi y Nöel

Cuando uno recorre el cementerio dentro de un circuito turístico, observa las principales bóvedas y escucha las historias y leyendas que encierran sus muros. Al finalizar una visita, siempre me gustó perderme entre las callecitas y dejar que éstas me llevaran a descubrir nuevas esculturas y monumentos. Fue así que conocí muchos de ellos que justificaron mis reiterados retornos.

Un día de Agosto, cuando faltaban casi treinta minutos para la hora del cierre, me encuentro con dos bóvedas de gran magnitud, ocultas en la parte izquierda del cementerio que da hacia la calle Vicente López. Ambas, vecinas, provocaron en mí una inquietud de saber más sobre esos dos sepulcros. Uno pertenecía a la familia de Otamendi y el otro a la familia de Otilia Nöel de Ramos Otero.

En el primero me llamó la atención la característica monumental de un ángel y la exquisitez de su fino tallado en mármol de carrara. Cuando uno lo contempla, se maravilla por su magnitud y por su proximidad con respecto a la puerta de ingreso. Varios sarcófagos del mismo material lo rodean y son custodiados por éste. Esta familia de hacendados tuvo sus orígenes en España y luego continuó su desarrollo en Argentina.

El sepulcro de la familia Nöel es una pequeña capilla de estilo gótico que mandó a construir la señora Otilia para su esposo. Con ello quiso expresar su amor incondicional a ese compañero de toda una vida. En el cementerio se la conoce como "la pequeña Notre Dame" por la similitud con la catedral parisina.

Espero se deslumbren con estas dos imponentes bóvedas que merecen ser admiradas.

2.

Diez meses, tres vidas...

Corría el mes de Octubre del año 1884 cuando tres argentinos se encontraban visitando el viejo continente como solían hacer los jóvenes pertenecientes a las familias adineradas. No era la primera vez que viajaban. Francia era el país favorito de ellos, ya que reunía un elevado número de artistas y nuestros muchachos, ávidos por relacionarse, concurrían a fiestas y reuniones.

Estos amigos inseparables disfrutaban la posibilidad que le ofrecía la vida; estar juntos gozando de aquel paisaje urbano. El otoño demostraba que el invierno iba a ser muy frío pues ya se hacía notar su presencia. Los árboles casi sin hojas, el cielo gris, el viento y la llovizna que no cesaba, llevaba a hombres y mujeres a circular por las calles abrigados con gruesas capas para hacer frente al riguroso clima.

Los tres amigos sentados en una cafetería disfrutaban de un café bien caliente enfrascados en una amena charla y miraban a través de los vidrios empañados los transeúntes que poseían un glamour tan diferente a los de su tierra. De pronto, uno de ellos desafió la valentía de los otros con una propuesta inesperada; los invitaba a recorrer de noche el cementerio. Sorprendidos y acicateados en su orgullo, accedieron.

La noche era cerrada y el frío traspasaba los gruesos capotes y abrigos. Las calles de París brillaban debido a la incesante garúa que las cubría y la oscuridad era impenetrable dentro del cementerio donde reinaba el más absoluto silencio, transformándolo en un lugar sumamente tétrico. Una vez dentro, el pánico y el miedo se apoderó de cada uno de los muchachos, pero ninguno lo expresó. Traspasada la reja principal y con una risa, mezcla de espanto y soberbia, comenzaron a recorrer el sitio cada uno por su lado con la condición que se encontrarían nuevamente en la entrada principal.

Habían pasado tres horas cuando dos de ellos se encaminaban hacia el encuentro, mientras que el último fue sujeto por detrás. El terror y la desesperación se apodero de él, sin poder girar su cabeza para observar quien lo hacía con tanta fuerza.

Al ver asomar el sol del amanecer, los dos camaradas que llevaban largo rato esperando a su amigo, comenzaron una búsqueda con el cuidador del lugar. Angustiados y atormentados recorrieron esas callecitas que, debido a su angostura, parecía que se juntaban en algún punto. Esas bóvedas y sepulturas vetustas dejaban ver el paso del tiempo creando una atmósfera fúnebre y tenebrosa. El único sonido que perturbaba el sitio era el grito con el que llamaban a su amigo.

De repente ante sus ojos, un bulto negro obstruyó su camino. Parte de la capa oscura cubría al joven, mientras que la otra estaba enganchada de una pequeña reja que rodeaba una sepultura. Giraron el cuerpo yaciente y comprobaron su muerte. En su rostro se veía un rictus de terror.

Perplejos ante tal consecuencia, ya que solo una broma los había conducido allí, retornaron a la Argentina.

Antes de finalizar el fatídico mes de Octubre, otro de los muchachos emprendió su viaje a la eternidad, como si hubiese querido acompañar al que pereció en la ciudad de París.

Habían Pasado solo nueve meses cuando el último de los jóvenes falleció. En el transcurso de diez meses dejaron esta vida tres amigos que no llegaron a los treinta años de edad y que vivieron y murieron juntos.

3.

El ataúd de Cristal

No hace mucho tiempo atrás en una callecita de esas que no salen a ningún lado, como perdida en la historia, había una bóveda semi derruida con su revoque descascarado y esparcido por el piso, dejando a la vista los ladrillos erosionados por el paso del tiempo. Cerrada por una puerta negra de hierro reflejaba en sus vidrios sucios el abandono al que había sido sometida. Sin nombre que atestigüe quién allí se hospedaba se podía observar algo macabro. Era un ataúd de cristal que dejaba ver a su ocupante o parte de él. Ante nosotros una calavera de color hueso amarronado y un brazo con jirones de lo que había sido su vestimenta, horrorizaba y asustaba al visitante que se asomaba por curiosidad.

Dicho ocupante fue un excéntrico y adinerado señor que hizo traer de Francia un ataúd especialmente diseñado para él. Hoy no lo podemos ver, porque las autoridades del cementerio decidieron cubrirlo por una razón de buen gusto.

En mi memoria tengo grabada la imagen de ese cadáver y la sorpresa que tuve al verlo por primera vez. A pesar de su anonimato, su trascendencia fue por su raro deseo de dejar ver sus despojos preguntándome ¿Cuál seria el propósito que lo llevo hacer algo así?

4.

El chatarrero

Esta es la leyenda, una de tantas sino tuviera un final extraño.

Se comentaba que una familia de inmigrantes llegó a la Argentina compuesta por tres personas, el matrimonio y un niño varón de ocho años. Vivían muy pobremente en un inquilinato típico de la época y el padre con mucho esfuerzo logró comprar un carro y un caballo para dedicarse a la recolección de chatarra.

Mientras su madre lavaba ropa para las familias adineradas, el pequeño comenzó sus estudios primarios, pero los abatares del destino solo le permitieron cursar hasta cuarto grado, ya que debía colaborar con su padre.

Con el tiempo se mudaron a una casa pequeña y humilde pero con terreno extenso para colocar la granza de hierro, bronce, cobre. Todo material servía para la venta. El aumento de desechos metálicos produjo un incremento en el capital de la familia.

Una vez adulto y al morir sus padres continuó con este trabajo que empezó a redituarle, ya había olvidado esa pobreza con la que tanto tiempo había convivido. Años después conoció a una señorita con la que se casó y tuvo una hija, en ese momento eran "los nuevos ricos". Poseían una considerable fortuna gracias a la guerra y a la chatarra que los habían catapultado a la abundancia.

Comenzaron las salidas, las reuniones, los viajes, todo lo que fue prohibitivo en épocas pasadas era ahora de primera necesidad.

De Vacaciones en Europa su hija y su yerno en un accidente perdieron la vida. Para sus padres fue un golpe devastador, tanto trabajo no valía la gran pena que sentían. Su esposa entró en una profunda depresión que la llevó a la muerte.

Penosamente, sentía la soledad en la inmensa casa que alguna vez había compartido con sus seres queridos. Fue ahí que decidió venderla y comprar un departamento pequeño donde pasaría el resto de su vida.

Al ver pasar sus días comenzó a fabricar su propio ataúd en bronce labrado íntegramente con pasajes de la Biblia. Redactó un testamento que aún perdura, donde dejó expresa voluntad ser enterrado en el Cementerio de la Recoleta y en su propio féretro. Todo fue cumplido desde el día que lo encontraron muerto en su habitación, por eso hoy está en estas páginas.

La chatarra lo llevó a encontrar los amores de su vida y una vez perdidos sería su compañía por toda la eternidad.

Su cuerpo se encuentra depositado en los nichos subterráneos que se ubican en el lateral que da a la calle Vicente López.

El día de la inhumación gran cantidad de personas se necesitaron para descender el féretro, debido al peso que este posee.

5.

Iglesia Santa Felicitas

Nos transportamos en el tiempo cuando en 1870 Barracas era una aldea residencial, donde personalidades de la sociedad porteña poseían sus quintas pasando gratas estadías. La aldea estaba atravesada por una calle larga donde familias como Ramos Mejía, Balcarce, Cambaceres, Álzaga, Saenz Valiente, Videla Dorna poseían pequeños palacetes que habitaban durante una época del año.

Hoy Avenida Montes de Oca al 1100, en esos tiempos eran los extensos terrenos que rodeaban al distinguido palacio de la familia Guerrero Álzaga.

Anteriormente describimos la malograda historia de Felicitas Guerrero de Álzaga. Fue por esta causa que don Carlos Guerrero Reissig y su esposa doña Felicitas Cueto y Montes De Oca decidieron donar las tierras y el dinero heredado tras la muerte de su amada hija, para levantar un testimonio de fe perdurable a través del tiempo.

En 1872 comenzó a erigirse la Iglesia de Santa Felicitas. Los planos y la dirección de la obra fue del arquitecto Ernesto Bunge y a pesar de la magnitud de la construcción se requirió cuatro años en concluirla. La mayoría de sus materiales fueron traídos de Europa. Es curioso encontrar una mezcla de expresiones del estilo gótico, romano y Germánico.

La capilla consta de una nave central con crucero y cúpula, en su interior dispusieron una exquisita combinación de mármoles y pinturas y el altar esta custodiado por una reproducción de la Virgen del Rosario.

Al ingresar, en el vestíbulo se colocaron dos hermosas estatuas de mármol blanco de carrara, una a la derecha que representa a Martín de Álzaga y otra a la izquierda representando a Felicitas Guerrero y su pequeño hijo Félix Álzaga. Sus padres en la entrada colocaron una placa de bronce que cita: "Capilla Santa Felicitas, fundada el 30 de Enero de 1876 por Carlos J. Guerrero y Felicitas Cueto de Guerrero en memoria de su hija Felicitas G. De Álzaga".

En la fachada sobresalen tres torres y figuras de ángeles de tamaño considerable ubicados simétricamente. Una imagen de Santa Felicitas estaba empotrada en un nicho en la parte superior de la entrada principal. Y aquí comienza la leyenda.

Cuando los ángeles eran colocados en sus basamentos, sin motivo lógico, se les partió el ala izquierda coincidiendo con el omóplato izquierdo donde impactó la bala que provocó la muerte de Felicitas. Esto dio comienzo a que las personas encargadas de la remodelación de la iglesia comentaran el hecho con temor, agregándole a esto que las campanas tañeran solas. Si tomamos en cuenta que dichas campanas son de martillo y no de badajo, hace suponer que una gran fuerza hizo que esto ocurriera. Podríamos atribuirlo a la terrible angustia de su alma que no se resignaba a dejar esta vida tan abruptamente.

Otro de los comentarios era que de noche se veía una mujer de blanco vagando por la iglesia. Se murmuraba que el ánima de la difunta no quería abandonar esas tierras que habían sido regadas con su joven sangre, por el llanto de unos padres desconsolados y por el de su enamorado que vio su pasión truncada por los celos enfermizos del agresor.

Otro acontecimiento se sumó a los ya contados; la imagen empotrada en el frente cayó sin motivo alguno y se hizo trizas.

Después de ser inaugurada la iglesia, se mandó a construir en los jardines una reproducción de la gruta de Lourdes, realizada por el ingeniero Kreutzer y el 8 de Diciembre de 1898 se inauguró con las esculturas del escultor italiano Juan Bellotti coincidiendo con la fecha que se conmemora el día de la Virgen María. Tal vez la realización estaba en los planes o tal vez y solo tal vez se hizo para que esa alma encontrara su camino hacia la luz y el descanso.

La inauguración fue el 30 de Enero de 1876. Hoy, después de ciento veintisiete años fui a la iglesia. Me recibió un señor que trabajaba de ordenanza llamado Clemente. Cuando le pregunte por los hechos anteriormente narrados se enojó, atribuyendo esa historia de fantasmas a las supersticiones que tiene la gente. Asimismo corroboró la rotura del ala del ángel como un "hecho fortuito", ya reparada, lo que no se pudo hacer con la imagen del frente a pesar de estar hecha de un material duro como el antimonio, se pulverizó y hoy solo queda el hueco como testimonio de otro caso fortuito.

Me despedí del hombre, miré la iglesia mientras volvía sobre mis pasos y observaba su fachada restaurada, pintada de un color beige con sus ángeles de color gris azulado, el nicho vacío, las rejas negras que circundan el edificio, todo me llevaba a preguntarme donde termina la realidad o donde empieza la leyenda. En uno de sus laterales pude ver la construcción como había sido en aquellos tiempos, con su revoque desprendido, en gran parte mostrando los viejos ladrillos enmohecidos donde asomaba una figura de color cemento con un libro muy impactante en la mano.

Solo un ordenanza y gran cantidad de gatos son ahora los asiduos habitantes de este especial lugar. Solamente los sábados y domingos esa soledad se ve alterada por gran cantidad de feligreses que concurren, esperando algún milagro que en su fe o en su desesperación le atribuyen a Santa Felicitas.

Hasta el año 1995 era una capilla privada estando actualmente abierta al culto.

6.

La dama de blanco

Todo cementerio tiene su dama de blanco incluyendo nuestro cementerio de La Recoleta.

Durante varias décadas se habló y aún se habla de la joven que vestida de blanco, en horas de la noche, cómplice de la oscuridad, ronda entre las bóvedas que se encuentran en el sector que da a las calles Vicente López y Azcuénaga.

No se conformaba con pasear solo por las calles del cementerio sino que salía de sus límites y rondaba sus inmediaciones.

Se cuenta que una noche un joven que paseaba por la zona, divisó a una señorita muy hermosa y extraña. Turbado por su apariencia de dama distinguida apuró su paso hasta alcanzarla. Allí pudo ver su vestido de gasa blanco que le daba la sensación de liviandad. Caminando por Plaza Francia, el joven deslumbrado por su belleza trataba de conversar pero la dama no emitía palabra alguna, solo lo miraba con sus ojos que irradiaban una dulzura misteriosa. Sin darse cuenta el muchacho imbuido en su monólogo, al llegar al muro que rodea el cementerio y ante su mirada atónita la señorita se desvaneció como si la pared la hubiese absorbido.

Fueron varias personas que contaron esta experiencia a través de los años y quizás son personas fácilmente sugestionables por la noche, la frondosa arboleda o la aprensión por los muertos, que creyeron ver a esa mujer. ¿Pero sino fuera Sugestión? ¿Si en verdad es una habitante de esa ciudad silenciosa?. Puede ser que dicha ánima esté en desacuerdo con tanta quietud o no se resigna a tal condición y vaga en busca de compañía, cansada de tanta soledad. Si esto es así, seguiremos viendo esa dama de blanco que atraerá la atención de alguien solo para que la acompañe al lugar al que pertenece.

Seguramente ahora nos preguntamos ¿cuando será la próxima vez que desee que alguien le preste atención?.

Ese día cuando anochezca volverá a rondar esos lugares la Dama de Blanco de la Recoleta.

7.

Los padres del General Don José de San Martín

Hasta hace unos años en todo circuito turístico por el cementerio no podía faltar la visita a la tumba de los padres del general San Martín. Al costado de la lápida de Remedios de Escalada, en una sencilla base de cemento estaba apoyada la pequeña urna de bronce que contenía los restos de Juan de San Martín (1728-1796) y Gregoria Matorras del Ser (1738-1813).

Fueron repatriados a la República Argentina en 1947 después de haber permanecido en España.

En la década del noventa se los trasladó a Yapeyú, provincia de Corrientes, lugar de nacimiento del General.

Hoy solo queda como evidencia ese basamento donde permanece viva la siguiente leyenda:

> *Aquí Yacen los Restos*
> *de los*
> *Padres del Libertador*

8.

Los restos de Bernardino Rivadavia

Así comenzó su testamento … "que mi cuerpo no vuelva jamás a Buenos Aires y mucho menos a Montevideo".

Con mucho dolor, bronca e indignación Bernardino Rivadavia fue desterrado en 1834. Nunca más regreso al país y pasó el resto de sus días en la mayor pobreza. El 2 de Septiembre de 1845 lo sorprendió la muerte en la ciudad de Cádiz, donde residió sus últimos años.

Su testamento, aunque irrevocable, no fue cumplido. Las damas de la Sociedad de Beneficencia comenzaron a encargarse de organizar la repatriación de sus restos. Así fue que el 13 de Agosto de 1857 llegó la urna de madera de Jacarandá. Después del responso en la Catedral Metropolitana y los solemnes actos que acontecieron, fueron inhumados en el cementerio de la Recoleta, en el panteón mandado a construir por dicha sociedad en honor a su fundador.

En 1932 fueron nuevamente trasladados al monumento erigido en la plaza "Once de Septiembre" donde descansan hasta nuestros días.

La obra que se encontraba en la necrópolis fue demolida y en su sitio se construyó el mausoleo del Teniente General Pablo Riccheri.

No debemos olvidar que el 8 de Julio de 1822, siendo Bernardino Rivadavia ministro del gobernador Martín Rodríguez decidió la creación del Cementerio del Norte, actualmente de la Recoleta, retirando del lugar a los Frailes que habitaban allí.

9.

Mitos y Leyendas sobre el cuerpo de Eva Duarte de Perón

Sobre el cadáver de "Evita" rondaron miles de leyendas que se fueron expandiendo a través de los años. La mayoría fueron descartadas por la poca veracidad de sus dichos. Igualmente quiero exponer al lector algunas de las más famosas.

Se comentaba que el 16 de Septiembre de 1955, habían salido de la C.G.T. cuatro camionetas con distintos rumbos. Tres de los vehículos transportaban copias de cera simulando ser el cadáver, mientras que la cuarta llevaba el verdadero cuerpo de Eva. Encargados de la misión estaban el Coronel Moori Koening, un sargento, un cabo y un soldado. Supuestamente ninguno tenía conocimiento en cual de las camionetas iba el cuerpo.

Una partió hacia el cementerio de la Chacarita y en un descampado del mismo, enterraron en horas de la noche un cuerpo bajo el nombre de Maria M. De Magaldi.

La segunda se dirigió hasta la iglesia de Olivos y allí se inhumó un cuerpo a nombre de María M. de Maestro, quedando un tercero en el cementerio de Flores que fue enterrado como NN.

El verdadero cuerpo estaba a cargo del Coronel Moori Koening. La misión fue clara; deshacerse del mismo. La camioneta dio vueltas por la ciudad sin un paradero fijo. Cada vez que la estacionaban, misteriosamente aparecían flores y velas encendidas, creyéndose preso de una conspiración, volvía a cambiar de sitio y el extraño ritual acontecía. Fue el Sargento quien llevó el cajón con los restos a su casa y mantuvo el secreto sin que su esposa tuviera conocimiento de semejante morbosidad. Su obsesión con el cadáver se acrecentó con el tiempo y sus horas libres las pasaba observándolo y creyendo que respiraba, aguardaba de un momento a otro la resurrección.

Con el transcurso de los días, sus nervios iban exacerbándose por la presión de tener con él semejante cargamento. Su mujer en estado de gravidez veía como su esposo día a día entraba en la locura, volviéndose una persona distante y agresiva.

Una noche la señora bajó de su habitación a tomar un vaso de agua en la cocina y al escuchar ruidos el sargento se sobresaltó y disparó. La muerte de su esposa y su pequeño hijo por nacer fue inmediata. Después de este terrible episodio el sargento quedó sumido en una irremisible locura.

Otra vez el ataúd volvió a la camioneta y a su errático viaje, con él las flores y las velas que se hacían presente en cada sitio.

Nuevamente el Coronel, sin saber que hacer, lo depositó en un cine abandonado donde permaneció un tiempo detrás de la pantalla. Todos estos hechos hicieron que Moori Koening se entregara a la bebida transformándose en poco tiempo en un alcohólico, hecho que produjo que su familia decidiera separarse de él. Solo le quedaba el cuerpo de Eva que se había metido lentamente en su vida y en su mente.

Parecía ser que una maldición caía en cada una de las personas que estuvieron a cargo de este operativo.

Cuando el jefe del coronel se enteró que no había enterrado el cuerpo, lo retiró de la misión y fue llevado a un penal donde permaneció un año.

Luego como se explicó anteriormente el cuerpo fue trasladado al cementerio del Musocco donde permaneció casi catorce años

Distintas otras versiones circularon a partir de ese año. Algunas involucraban al Señor López Rega, alias "el brujo", otras sobre las mutilaciones que presentaba el cuerpo pero como todo, estas son leyendas o historias que alguien dice o que alguien escucha, solo son algunas de las tantas que hubo en esa época.

Me gustaría dejar en claro que las que aquí no están narradas es por respeto a Eva Duarte. Solo ella sabe lo que realmente pasó después de su muerte.

10.

Curiosidades Varias

Juana Manso... "El entierro que no pudo ser"

Se llamaba Juana Paula Manso. Mujer política, literata, periodista, educadora, fue conocida su relación de amistad con Domingo Faustino Sarmiento, que según él, fue la única que supo interpretar su obra.

Durante su vida fundó bibliotecas, escuelas y periódicos. Fue la primera mujer en ocupar un cargo público. Acosada, perseguida e injuriada por expresar y publicar sus ideas continuó férrea a sus ideales.

Con tantos méritos logrados en vida merecía ser enterrada en el cementerio como tantos hombres y mujeres probos. Lamentablemente la "moralidad" de esa época no permitió que fuese inhumada allí por haber estado divorciada de su esposo.

El sepulcro más antiguo

La bóveda más antigua del cementerio data de 1823 y pertenece a la familia Bustillo. Aquí se encuentran los restos de Manuel José Bustillo (1817-1840), sargento mayor. José Maria Bustillo (1852-1931), Jurisconsulto. Alejandro Bustillo (1889-1982), arquitecto. Entre sus obras más destacadas: El hotel Llao Llao (San Carlos de Bariloche), Edificio Banco Nación (Buenos Aires), El hotel casino (Mar del Plata), entre otras construcciones que han sido demolidas.

Florentina Ituarte "Tres Siglos"

En el sepulcro sencillo, sobrio y recatado de la familia Pueyrredón Ituarte, se encontraba el ataúd que contenía los restos de Florentina Ituarte, hija de Magdalena Pueyrredón y Juan Bautista Ituarte.

Desde temprana edad, todos comentaban sobre esa belleza innata que escondía el paso del tiempo bajo un rostro angelical sin darse cuenta del paso del reloj biológico.

El día que regresó del entierro de su esposo tomó conciencia de su realidad física y ordenó cubrir todos los espejos en su casa de San Isidro.

Esos compañeros que durante tanto tiempo habían alabado su hermosura hoy le mostraban la cruel realidad, esa realidad que se había negado a ver y presa de su eterna juventud su mente había quedado detenida en el tiempo.

Sola con sus recuerdos pasó varias décadas hasta el año 1897 que asistió al entierro de su hijo. De ahí en más su reclusión total no permitió que se volviese a ver esa señora que alguna vez había sido admirada.

Seis años más tarde se cerraba la historia de la mujer que nació en 1798, vivió todo el siglo XIX y falleció en 1903.

Alfredo Gath   "El timbre de la eternidad"

Durante varios años, grupos de turistas se acercaban a la Bóveda perteneciente a la familia Gath para escuchar la historia de Alfredo Enrique Gath. Había nacido en 1852 en Inglaterra y luego se trasladó a la República Argentina donde laboriosamente levantó un imperio junto a su socio Lorenzo Cháves (Bóveda Cháves). Fueron muy famosas sus tiendas GATH & CHAVES.

El 7 de Julio de 1936 se produjo su deceso y aquí comienza su leyenda o realidad.

En esos tiempos la idea de ser enterrado vivo era tema de preocupación. Muchos casos de personas famosas fueron conocidos a través de los años creando en la gente mucha incertidumbre ante ese hecho.

Se cuenta que el señor Gath, sugestionado por esa idea, dejó expresada su voluntad de ser sepultado bajo ciertas condiciones: Sería colocado en un ataúd triple con dos dispositivos en sus manos. Uno de ellos abriría la tapa de su féretro mientras que el otro la puerta de la bóveda.
Durante su permanencia en el cementerio nunca se accionó el sistema. Actualmente su bóveda fue vendida y sus restos trasladados a la ciudad de Roma.

Bóveda Familia López Lecube   "Las esculturas"

Gracias a la familia López Lecube podemos ver una verdadera curiosidad. Perdidas en un mar de esculturas se encuentran dos figuras de rasgos femeninos realizadas en mármol, por la escultora tucumana Dolores Mora de

Hernández (1866-1936). Ambas en distintas posiciones tienen sus cuerpos cubiertos por un manto. La figura de la derecha esta sentada con un libro y un cruz entre sus manos en señal de duelo y religiosidad, mientras que la otra con su mano en el mentón con signo de resignación ante lo irreparable y su mirada perdida preguntándose ¿Por qué?, es habitual esta interrogación ante la partida de un ser querido.

No podía faltar en esta muestra de arte como lo es el cementerio, una escultura de esa pequeña gigante mujer, olvidada en una época por la sociedad Argentina. Aunque pasó sus últimos años sumida en una irremediable locura nos dejó un legado tangible y admirable. Como testimonio de ello figuran entre algunas de sus obras "La fuente de las Nereidas", "La Fuente del Nacimiento de Venus", y los bajorrelieves de la casa Histórica de Tucumán. Un dato curioso e inusual en la artista es que las obras que se encuentran en el cementerio están firmadas con el apellido de casada Lola Mora de Hernández.

Tal vez ahora prestemos mas atención al verlas y nos llenemos de orgullo al apreciar un pedazo de si mismo que cada artista deja plasmado en sus obras.

Juan Larrea "Argentino por elección"

Comerciante español, había llegado a Buenos Aires a principios del año 1800. Aunque era español de nacimiento, lucho por esta patria con la que tanto colaboró. Fue vocal en la primera junta, pero debido a su ideología morenista tuvo que exiliarse en su país. De vuelta a Argentina en 1813 fue miembro de la Asamblea Nacional Constituyente, tuvo participación en el triunvirato y llegó a ser nombrado ministro de Hacienda en 1814. Contribuyó con bienes personales en el financiamiento de la flota del Almirante Guillermo Brown y la fabricación de fusiles. El resto de su vida lo pasó entre su lugar natal y Buenos Aires. Desterrado reiteradas veces por sus ideales sufrió la confiscación de sus bienes y el 29 de Junio de 1847, abatido por las deudas decidió suicidarse. Sus restos fueron inhumados en el cementerio del Norte.

Patricii Moran "Primera Sepultura"

Como he aconsejado anteriormente a los que por primera vez visitan el cementerio no dejen de averiguar e indagar, y al conocer cada vez más el ámbito descubrirán nuevos datos que los motivaran a regresar.

Así conocí esta lápida de mármol que pertenece a Patricii Moran. Había nacido en Irlanda y ordenado sacerdote pertenecía a la compañía de Jesús.

La sepultura data de 1820 y la convierte en la más arcaica del lugar, por ello, es muy difícil descifrar lo que allí está escrito debido al paso del tiempo. En esa época todavía estaba permitido sepultar en la pared o en el altar de la iglesia.

No confundir con la bóveda mas antigua que pertenece a otra familia.

"Los Secuestros"

En el cementerio se produjeron dos secuestros de cadáveres que fueron famosos y a su vez relevantes. Nadie en esa época podía pensar que alguien se apoderara ilícitamente de un cuerpo con la condición de devolverlo mediante un fin.

Con fines económicos desapareció de su morada el cuerpo de la señora Inés Indart de Dorrego y con objetivos políticos, los restos mortales del ex presidente de La Nación Argentina Pedro Eugenio Aramburu.

El primer caso no se contemplaba en el código penal por su atipicidad lo que dificultaba la tarea de castigo para los secuestradores. Hoy, es un delito penado por la ley. Artículo 171 del código Penal de la nación "Sufrirá prisión de dos a seis años, el que sustrajere un cadáver para hacerse pagar su devolución".

"Primeras Damas"

Las únicas tres primeras damas de la República Argentina de nacionalidad extranjera, están sepultadas en éste suelo junto a sus esposos. Desempeñaron en vida su rol, escoltándolos en las actividades presidenciales que acontecían y ahora continúan con ellos en la eternidad.

* Marcelo Torcuato de Alvear   Regina Paccini (portuguesa)
* Manuel Quintana   Susana Rodríguez (paraguaya)
* Bartolomé Mitre   Delfina Védia (Uruguaya)

Bóveda Belarmino Comesaña "Puerta de la Pasión"

Si caminamos por la calle principal y nos adentramos en la tercera calle a la izquierda nos encontramos con un intrincado lugar que merece ser visitado por encontrarse allí una sorprendente puerta. Realizada en bronce podemos observar pasajes de la vida y de la muerte de Jesús. En su inferior las letras Alfa y Omega representan el principio y el fin y dan el toque final a esta eximia obra de arte.

Datos curiosos de diversas épocas

- Históricamente el día 1 de Noviembre "Día de todos los Muertos" los deudos no dejaban de asistir al cementerio para recordar a sus difuntos. En la actualidad son pocas las personas que asisten.
- Toda persona que desee retirar o incorporar algún objeto en su bóveda debe redactar un edicto, donde queda asentado todos los elementos que allí se encuentran.
- Las mujeres que enviudaban no podían asistir al velatorio de su cónyuge y debían guardar riguroso luto.
- Los granaderos homenajeaban en sus sepulcros con ofrendas florales a los próceres de la nación o a importantes personalidades militares.
- Ir al cementerio de la Recoleta era un acontecimiento que obligaba a hombres y mujeres estrenar vestimenta. Las señoras debían asistir con cartera y sombrero.
- En el cementerio hay 4700 bóvedas que pueden albergar entre ocho y treinta féretros.
- Ochenta y dos sepulcros fueron declarados Monumento Histórico Nacional.
- Actualmente se lleva a cabo un sepelio por día.
- Antiguamente los empleados del cementerio debían ingresar por la puerta que esta fuera de servicio ubicada sobre la calle Vicente López.

- El cuerpo de la escritora Alfonsina Storni permaneció en la bóveda de la familia Botana hasta su traslado al cementerio de la Chacarita.
- Sesenta y cinco cuidadores trabajan en el lugar y son contratados por los deudos para la limpieza y cuidado de los sepulcros.
- El cementerio de La Recoleta no posee osario ni cinerario.

Simbología

La cantidad de símbolos que podemos encontrar en este cementerio es infinita. Simbología masónica, griega, egipcia, romana, la representativa de la muerte. Todo sepulcro tiene una alegoría. Ayer, hoy y siempre existieron, existen y continuaran existiendo llegando muchos de ellos a ser parte de nuestra vida cotidiana.

Según el diccionario un símbolo es la imagen o figura que tiene una significación convencional. Cada uno representa algo en forma individual, que lo hace diferente del otro. Al investigar sobre el tema, noté que cada autor otorga una interpretación diferente como puede ser histórica, teológica, mitológica o desde diversos puntos de vista.

Por no ser una persona especialista en el tema, me limito aclarar algunos términos y explicar determinados símbolos para una clara comprensión de los mismos.

En el friso de la entrada habíamos observado trece alegorías.

Esfera: Símbolo de la eternidad, no existe la diferencia entre el principio y el fin.

Reloj: Con el paso del tiempo pasan las horas de vida. Un día más equivale a un día menos.

Búho con alas abiertas: La muerte ha llegado y debe producirse sin consentimiento alguno. El Búho está constantemente alerta, es un vigía de la noche.

Antorchas cruzadas: Si la llama esta orientada hacia arriba esta relacionado con la vida, la existencia y con la llama hacia abajo la muerte, la desaparición del ser.

Paño sobre urna: Muerte, alejamiento, olvido, vacío.

Serpiente mordiendo su cola: Eternidad, principio y fin se juntan sin poder determinar uno y otro.

Abeja: Se identifica con la inmortalidad además del orden y la labor.

Cruz con una corona: En las necrópolis católicas representa a Cristo.

Alas abiertas: Cuando la persona fallece el alma asciende al cielo dejando el cuerpo en el mundo terrenal, en ese momento aparece la libertad espiritual.

Corona: Representación de duelo.

Letra P con una cruz: Representa el cristianismo y con su letra la Paz.

Un uso y tijeras semiabiertas: La vida de una persona será cortada en el instante de su deceso. En la mitología Griega las parcas eran Cloto que se encargaba de hilar el hilo de la vida, Laquesis lo enrollaba y tropos lo cortaba cuando creía que la vida estaba cumplida.

Esfera: Símbolo de la eternidad, no existe la diferencia entre el principio y el fin.

Terminología general

Camposanto: Terreno extenso destinado a depositar cadáveres. Antiguamente todo difunto debía cumplir con los "cánones católicos" de la época para ser enterrado allí. Estaba prohibido el entierro de los llamados "interdictos".

Cementerio: Lugar descubierto para enterrar los cadáveres.

Necrópolis: Ciudad de Muertos.

Bóveda: Lugar subterráneo para depositar los cadáveres.

Sepulcro: Construcción comúnmente de piedra para dar sepultura a un cadáver. Se pueden observar Fenicios, egipcios, romanos, etruscos.

Cenotáfio: Construcción sepulcral vacía erigida a la memoria de algún muerto ilustre. Proviene del griego "Kenos" (vacío) y "Taphos" (sepulcro).

Cripta: Lugar subterráneo donde se enterraban los cuerpos de los muertos. Es común que las iglesias y catedrales posean en su interior criptas.

Mausoleo: Construcción funeraria suntuosa. Mausolo, Rey de Caria, esposo de Artemisa. Fue conocido por su opulencia y por el sepulcro que mandó a construir su esposa en Halicarnaso. Se conservó hasta el S.IV de esta era y fue considerado una de las siete maravillas del mundo.

Panteón: Construcción funeraria monumental destinada al enterramiento de varios cadáveres.

Sarcófago: Ataúd de piedra. En la antigüedad se utilizaba una piedra especial en su construcción que contribuía con la desintegración de la carne.

Tumba: Sepulcro o armazón para sostener los ataúdes.

Catafalco: Túmulo alto y lujoso que se utiliza en las iglesias para las exequias.

Bibliografía Consultada

Ara, Pedro
>   Eva Perón: La verdadera historia contada por el médico que preservó su cuerpo, Ed. Sudamericana, 1996.

Auspiciado por la Secretaria de Cultura de La Nación
>   Cándido López, Proyecto cultural los colegios y el arte, Ediciones Banco Velox.

Bertolé de Cané, Cora
>   El Amor, ministerio de Cultura y Educación, colección Almario de Buenos Aires, 1970.

Beruti, Juan Manuel
>   Memorias Curiosas, colección dirigida por Alberto Casares, Emecé editores, Buenos Aires.

Biblioteca Familiar Interactiva
>   Vidas de Mayo, Barcelona, España.

Cabrera, Ana María
>   Felicitas Guerrero, La mujer más hermosa de la República, narrativas históricas Ed. Sudamericana, Buenos Aires, 1999.

Camarasa, Jorge
>   Secretos y verdades de 16 pasiones célebres, Ed. Planeta, Buenos Aires, Octubre 1998.

Canclini, Arnoldo
>   Julio Popper, Quijote del oro fueguino, Editorial Emecé, Buenos Aires, 1992.

Capdevila, Arturo
>   Los Romances Argentinos, Ed. Reunidas S.A., Buenos Aires, Mayo 1938.

Ciordia y Rodríguez
>   El autor de Martín Fierro - José Hernández, una vida patriótica y abnegada, Buenos Aires 1948.

Cirlot, Juan Eduardo
>   Diccionario de Símbolos, undécima edición -4ta. en colección labor, 1995.

Chavez, Fermín
>   Eva Perón, sin mitos, Ediciones Teoría, Edición aumentada y corregida (Biblioteca de estudios históricos 1996).

Cuadernos Buenos Aires Nos Cuenta
>   N° 5: Recoleta cofre de historias.
>   N° 13: Recoleta segunda parte.

De Apellaniz, Mariano A.
        Mirando hacia el pasado, Grupo editor
        Latinoamericano, Buenos Aires, Abril 1994.
Del Campo, Cupertino
        Prohombres de América, Asociación de difusión
        Interamericana, Buenos Aires 1944.
De Del Castillo, Amália René
        Genio y figura de mujeres Argentinas,
        Ministerio de educ. y justicia, 1985. (Síntesis
        biográfica).
Eloy Martinez, Tomás
        Santa Evita, Ed. Planeta, Biblioteca del sur,
        Buenos Aires, 1995.
Enciclopedia Clarín
        Edición especial para Latinoamérica.
Enciclopedia de Historia Argentina
        Ediciones Océano, 1981.
Fraser Nicholas
Navarro, Marysa
        Eva Perón. La verdad de un mito, Ed. Bruguera -
        primera edición en Argentina 1982 - Barcelona 1980
Fustinioni, Osvaldo
        Luis Federico Leloir, Grandeza y humildad de la
        investigación, homenaje conjunto de las academias
        Nacionales, Buenos Aires, 1988.
Galtier, Lysandro Z.
        Leopoldo Lugones el enigmático, Ed. Fraterna,
        Buenos Aires.
Galvez, Manuel
        Vida de Hipólito Irigoyen, Ed. Tor S.R.L., Buenos
        Aires 1951.
García Costa, Victor
        Alfredo Palacios, entre el Clavel y la Espada, una
        biografía, ed. Planeta, Buenos Aires, Abril 1997.
Gauna Vélez, Eduardo
        Biografías de Argentinos ilustres, Gabaut y Cia.
        editores, Buenos Aires 1925.
Genovesi, Alfredo
        Perfil de Alfredo L. Palacios, ed. Zagarzazú.
Grecco, Vanesa
        El amor en tiempos de la revolución Guadalupe
        Cuenca y Mariano Moreno. Ed. Planeta, Buenos Aires,
        1999.
Grosso, Florencia
        Remedios de Escalada de San Martín, su vida y su
        tiempo, Editorial Dunken, 1999.

Historia General del Arte en La Argentina
        Academia Nacional de Bellas Artes, Buenos Aires,
        Diciembre 1988.
Instituto Histórico de la Ciudad de Buenos Aires
        VII jornadas de historias de la ciudad de Buenos
        Aires (textos y discursos – Tomo II, 1997).
Instituto Nacional de investigaciones históricas
        Eva Perón, honores, pompa y circunstancia, Buenos
        Aires, Abril 2001.
Junta de estudios históricos de La Recoleta
        El escultor Alberto Lagos en La Recoleta, Magaz,
        Maria del Carmen – Arévalo María Beatriz, Agosto
        1991
Lafuente Machain, Ricardo
        El Barrio de la Recoleta (cuadernos de Buenos
        Aires- II edición, 1972).
Lemus, Jorge Daniel
Lizarraga, Adolfo A.
        Introducción a la historia de la medicina Universal
        y Argentina, escuela de salud pública, Facultad de
        Medicina, Univ. Del Salvador, Buenos Aires 1996.
Lewkowicz, Lidia F.
        Juana Paula Manso, Una mujer del S.XXI, Ed.
        Corregidor, Buenos Aires, Julio 2000.
Lojo, María Rosa
        Historias Ocultas en la Recoleta, Ed. Extra
        Alfaguara, Buenos Aires 2000.
Loudet, Osvaldo
        Vocación y Vida, editorial Emecé, Buenos Aires,
        Septiembre 1979
Luqui Lagleyze, Julio
        Apuntes sobre el barrio de La Recoleta, Fundación
        Banco de Boston.
Luna, Félix
        Alvear, Ed. Hyspanamérica, Buenos Aires 1958.
Matamoro, Blas
        Genio y Figura de Victoria Ocampo, Ed.
        Universitaria de Buenos Aires, Septiembre 1986.
Nachón, Carlos Alberto
        Luis Federico Leloir – Premio Nóbel de Química
        1970, ensayo de una biografía, Fundación Banco de
        Boston, Buenos Aires, 1994.
Olivera, Carlos
        En la Brecha, Corbeil – Imprenta Créfé (1887).

Quiroga A. Roberto
    La Recoleta: Panteón histórico de la Argentina, II
    edición (aumentada y corregida), mayo 1996.
Revista Todo es Historia
    N° 43, Los muertos de Buenos Aires; Saenz, Jimena.
    N° 222 Las inscripciones de la muerte; García
    Barrio Garsd, María, Octubre 1985.
Saenz Quesada, María
    Mariquita Sanchez, vida política y sentimental, Ed.
    Sudamericana, Buenos Aires, octubre 1995.
Sarmiento, Domingo Faustino
    Vida de Dominguito, Instituto Amigos del Libro
    Argentino, Buenos Aires, Octubre 1954.
    La vida de Dominguito, Colección autobiografías,
    memorias y libros olvidados. Fondo Nacional De las
    Artes. Buenos Aires.
    Vida y escritos del Coronel Francisco J. Muñiz, Ed.
    Félix Lajouane, Buenos Aires MDCCCLXXXV
Silvestre, Susana
    Pasión y coraje, mujeres que hicieron historia,
    ediciones Instituto movilizador de fondos
    cooperativos C.L., Chile.
Soncini, Luis Alfredo
    El Barrio de la Recoleta I, Ed. Fundación del
    Libertador.
Sosa de Newton, Lily
    Diccionario de Mujeres Argentinas, Ed. Plus Ultra –
    II edición, 1973
Villafañe Bombal, Elba
    Itinerario Histórico de Recoleta, Arte y leyenda,
    Municipalidad de la ciudad de Buenos Aires
    (Cuadernos de Buenos Aires N° 52), 1978.
Williams Álzaga, Enrique
    Figuras de otros tiempos, Editores Emecé, Buenos
    Aires, 1986.
    Cartas que nunca llegaron, Editores Emecé, Buenos
    Aires, 1967.
Zapiola, Lucrecia
    Soy Luis XVII debo llamarme Pierre Benoit, edición
    al cuidado de Enrique D. Bassi, Buenos Aires 1993.
Zarate, Armando
    Facundo Quiroga, Barranca y Yaco, juicios y
    testimonios, ed. Plus Ultra, Buenos Aires 1985.

Zorraquín Becú, Horacio
	Tiempo y vida de José Hernández, ed. Emecé, Buenos
	Aires, Octubre 1972.

Consultas en Hemeroteca.

Agradecimientos

Quiero dejar expreso mi más sincero agradecimiento a la Señora **Hebe Galíndez de González Victorica** por su desinteresada colaboración y por haberme permitido estar en contacto directo con material histórico familiar, además de su incondicional predisposición hacia mi persona.

Al doctor Carlos F. Francavilla, Jefe del departamento de Sepulcros Históricos y Obras de Arte del Cementerio de La Recoleta por su amabilidad y por haberme mostrado el cementerio desde otro punto de vista.

Al personal del Cementerio que siempre brindó valiosos aportes.

A Marcela Andino por sus fotografías y el tiempo dedicado en las reiteradas visitas.

Al Arquitecto Eduardo Emilio García por haber aportado fotografías del lugar y asesoramiento sobre arquitectura Argentina, Europea e Hispanoamericana.

Al personal de la Hemeroteca y Biblioteca Nacional.

www.ingramcontent.com/pod-product-compliance
Lightning Source LLC
Chambersburg PA
CBHW061540120726
48001CB00004B/1646